明日、もっと
自分を好きになる

「私らしく生きる」を
かなえる
感性の育て方

古性 のち

KADOKAWA

「感性が豊かな人」と聞くと、
あなたの頭に浮かぶのはどんな人だろう？

トレンド最先端の服に身を包み、
誰もが振り返るようなお洒落《しゃれ》な人だろうか。
美味しいレストランやカフェに詳しくて、
あっと驚くようなお店に連れていってくれる人だろうか。
アートやデザインの本が部屋にあふれ返り、
知識欲の海を自由に泳いでいる人だろうか。

身近なあの子や、
街で見かけた名前も知らない人の姿が
頭に浮かんだ人もいるかもしれない。

「感性を磨くこと」の意味を辞書でもう少し調べてみると、
「固定観念や先入観にとらわれず、
自分の心に素直になること」と出てくる。

CHIANGMAI

つまりわたしたちが感じる「感性が豊かな人」とは、
目に映るものや心に入ってくる様々な事柄に、
誰かの色眼鏡《いろめがね》をかけたり、ものさしを当てたりせず、
きちんと「自分のもの」として受け止め、消化して、じっくり味わえる、
子供の頃の心を持ち続けている人のことなのだと思う。

この本はそんな「感性を磨くこと」を目的としているが、
自分をよく知り、同時に自分のことを
もっと好きになるための一冊でもある。

例えば、
流行《はや》っているものではなく自分に似合う服に身を包み、
背筋を伸ばせること。

例えば、
心にじんわり染み入る、
元気をチャージしてくれるお店や場所を知っていること。

例えば、
世間の評価に流されず、
今の自分に必要な本を選べること。

自分が心地よく感じているもの、
大切に思っていること。

本当は心に大きく負担になっていて、
遠ざけたいこと。

それらひとつひとつを五感ぜんぶで味わい、他人に遠慮せずきちんと表現する。
それがきっと、感性を磨くこと、ひいては自分を好きになる練習になる。
これはそのための、ちいさなToDoを詰めたアイデア集のような本だ。

子供の頃、わたしたちはきっともっと自由だった。
何時間も没頭した公園でのごっこ遊びにカラフルな塗り絵、
外で思いっきり歌いながら歩くこと、河原で綺麗な小石を集めたり。
他人に何か言われるよりも、自分の心が摑《つか》む直感に従い
好きと嫌いを敏感に選び取ってきたと思う。

だけれど集団生活や就職、結婚など
様々なライフイベントを経験していくあいだに
いつの間にかわたしたちの心の中にいた子供心は失われ、
良識ある大人の仮面をかぶってしまう。

他人がつくったルールに従うこと、
周りの顔色を気にすることの優先度ばかりが上がって、
好きだったこと、やってみたかったことに蓋をしてしまう。
気づけば変化を拒み、日々のルーティーンをこなすことだけに
一生懸命になっている。
年齢を重ねれば重ねるほど、その蓋は固く締まり、
ちょっとやそっとのことでは開かなくなってしまう。

子供の頃恐れていた「つまらない大人」の一員に、
気づけば自分も仲間入りしているのだ。

すっかり聞き分けの良い大人に成長してしまったわたしたちが、
もう一度、幼少期の自分に戻るのは難しい。
特にこの日本という、気遣いや謙遜が国全体に沁み渡っている
（それはもちろんとても素晴らしいことなのだけど）場所で
感性を殺さずに生きるにはちょっとだけコツがいる。

自分の感性を信じ、自分らしく在り続ける大人はかっこいい。

だからと言って、いきなり大きな一歩は踏み出さなくていい。

凝り固まった心に新しい、だけれどきっと
どこか懐かしい風を取り入れることで、
今日の自分よりも少しだけ、
明日の自分を好きになる練習を始めてみてほしい。

ちいさな背伸びから一歩ずつ。

明日、あなたの目の前に広がる世界が
今日よりもほんの少し、色づいていてくれたら嬉しい。

contents

1章　アートワークで感性にふれる

2章　自分の心と向き合う

3章　ライフスタイルを違う角度から見つめる

4章　人間関係にスパイスを加える

デザイン	尾花大輔
構成	鈴木詩乃
DTP	坂巻治子
編集協力	高木さおり(sand)
編集	仲田恵理子
校正	みね工房

協力
富士フイルムイメージングシステム株式会社、株式会社ニコンイメージングジャパン、はし かよこ、朝日 萌、うたうみ、佐向大輝、奏、市角壮玄

―― 1章

アートワークで感性にふれる

1

写真を100枚撮らないと帰れない日をつくってみる

「写真」を趣味から仕事にして8年近くが経《た》った。今も昔もファインダーを覗《のぞ》くたび、「なんて世界は美しいのだろう」と感じる。写真と出合う前は、暖かい季節や晴れの日ばかり愛していたけれど、冬の凍てついた様子や、雨やくもりの日の少し重たい空気感まで、あらゆる日々のワンシーンが、今は驚くほどに愛《いと》おしい。

そんな世界をもっと自分らしく、魅力的に切り取りたい。そう思うようになり始めたのが「一日に100枚の写真を撮るまで、家に帰ることができない」という遊びだ。

ルールはシンプルで、100枚異なる写真を撮影すること。ただそれだけ。同じ構図、連写したものは1枚とカウントして、100の視点が集まるように撮影する。場所は、歩き慣れた道でも、初めて降り立つ土地でもいい。とにかく、ファインダーを覗いた先の景色が、毎回異なるように写真を1枚ずつ撮り溜《た》めていく。

実行してみると、思いのほか難しい。最初はきっと「どこをどう撮ったらいいのだろう」と、迷ったり困惑するかもしれない。けれど、目を凝らしてあたりを見回してみると、揺れる草木の存在や、ゆらめく光の美しさに出合える。

また、「是が非でも100枚撮らなければいけない」と強制力を持たせることで、五感の引き出しを最大限まで開けることができる。

100枚の写真を撮影したあと、どんな被写体を撮っているのか振り返ることで得られる気づきも大きい。そうして撮り溜めた写真は、「好き」の集合体だ。写真を通して知った自分の好きはこの先もずっと宝物になる。

ちなみに、友人と一緒にこの遊びをしてみると「同じ空間で写真を撮っていたはずなのに、こうも違いがあるのか！」と視点の違いに驚くことばかりなので、それも合わせておすすめしたい。

撮り溜めた写真は
純度の高い「好き」の集合体になる。

2

「とりあえず」美術館に足を運ぶ習慣をつくってみる

空き時間の過ごし方で人生の密度が変わる。
「アート」はつい敷居が高く感じてしまい、
足が遠のいてしまいがち。
だけれど一歩その世界に足を踏み入れると、
自分の価値観を大きく広げる手助けをしてくれる。

あたらしい感情と出会うため、そして「好き」の純度を上げるため、時間が空くとときどき美術館に足を運んでいる。この習慣が人生にやってきたのはつい最近のこと。これまで美術館なんて旅先で暇つぶしのために行くか、誰かに誘われでもしない限り訪れなかった。よく「趣味は美術館に行くことです」と話す友人は決まってアートに詳しそうなお洒落な人ばかりだったし、なんとなく敷居が高かった。

暮らしの拠点を東京から岡山県の玉野市へ移したことがきっかけで、アートとわたしの人生の距離がぐっと縮まった。

玉野市は瀬戸内海に浮かぶ「直島《なおしま》」「豊島《てしま》」など、現代アートで有名な島々へ渡るための港があるちいさな町で、至る所にアートの気配が息づく。

町角で突然、なんのモチーフなのかわからない立体造形と出合うこともあるし、アーティストとして生計を立てている人も多い。お爺ちゃんもお婆ちゃんも、子供も大人も外国人も関係なく、アートとふれ合う姿を目にするうちにわたしの中のハードルも自然と下がっていったのだろう。

美術館には期間限定で開催している企画展と、いつでも楽しめる常設展がある。わたしはどちらの場合も前情報をほとんど仕入れず、とりあえず気の赴《おもむ》くまま訪れることにしている。その日が開館日かどうかと、入館料だけ調べ、あとはふらっと足を運ぶだけ。作者や作品については特段調べない。裸のままの心が受け取る感情を楽しみたいからだ。

何もフィルターをかけずに見るアートは面白い。

想像力を育ててくれるし、好きも嫌いも無垢なまま受け止めることができる。

「これは何だろう？」「これにはどんなストーリーがあるのだろう？」と好き勝手に想像しながら向き合うアートは、まるで子供の頃に没頭したごっこ遊びや、小説を書いていた頃のことを思い出させてくれる。

好きでも嫌いでもいい。何を感じても感じなくてもいい。美術館はまるで自由な大人のための、遊び場のような場所だと思っている。

前知識を入れずに訪れる美術館はまるで遊園地。

3

美しいと感じたキャッチコピーや単語をメモ帳にひたすら蒐集《しゅうしゅう》する

歩き慣れている道は
良くも悪くも新鮮さを失っていってしまう。
そんな日々にあたらしい風を取り入れる手段として
おすすめしたいのが手のひらサイズの
メモ帳をひとつ持ち歩く習慣だ。
自分の気になる言葉が詰まった一冊は、
いつもの毎日にあたらしく淡い色を添えてくれる。

昔から、日々の中で出合う「噛《か》み心地のいい言葉」が好きだった。チラシに書かれているちょっとしたコピーとか、街中で見つけた看板とか、小説やエッセイが語りかけるフレーズとか、そういったもののひとつひとつに感動し味わいながら生きている。

ただ、そういった言葉を記憶の中に留めておくことはとても難しく、誰かと共有したいのに「あれ、なんだっけ？」と空っぽの引き出しを探るようなことがしばしば。そこで始めたのが、出合った言葉を、出合った瞬間に蒐集する試みだ。どこに出かけるときでも、手のひらサイズのちいさなメモ帳を持ち歩き、町中やカフェで出合う好きだと感じた言葉をとにかく拾い集めていく。美しいと感じたものはもちろん、人から受け取って感動したもの、使い方がユニークだと感じたものなど、心になんとなくとまった言葉を集めていくと、自分だけのとっておきの言葉の遊び場が生まれておもしろい。

毎日のように読み返すものではないかもしれないけれど、カフェでのひとり時間で開いてみたり、創作のときのアイデアにしたり、友人と話すときの種にしてみたり、ちょっとしたときに活用できる存在になってくれる。

最近は、タイで暮らす時間も長いので、日本の外で出合う日本語に心をくすぐられることも少なくない。つい先日は、チェンマイの隠れ家的サンドイッチ屋さんで「隠れている味はここに」という印象的なコピーを見つけた。
国内で過ごしていると、日本語はきちんと一定のルールに則《のっと》って使われている。当たり前だが十分すぎるほど美しい。けれど、海外で出合う日本の言葉は、そのルールから逸脱していることが多く、思いがけないアイデアをもらえたりする。

日常的に言葉を蒐集するようになると、アンテナが鋭くなり、暮らしのあらゆる瞬間が未知との遭遇のチャンスになる。言葉探しの旅は、どんなときでも没頭できる、最高のエンターテインメントだ。

日常的に言葉を蒐集するようになるとアンテナが鋭くなる。
それらを都度取り出してアイデアの種にする。

4

お守りにしたい言葉を書いて、手帳やパスケースに入れて持ち歩く

お守りのように持ち歩く言葉は、
いつだって自分の足元をほんのり照らしてくれる。
どれだけ感動した言葉も、
大切にすると誓った言葉も、
時間の経過と共に忘れてしまうからこそ、
色んな努力で守りたい。

背中を押してくれた言葉、心震える感動をくれた言葉、ハッとした気づきを与えてくれた言葉。言葉の力はすごい。ときに想像を超えるエネルギーをわたしたちにくれる。人生で、そういう言葉に何回出合ったことがあるだろうか。そして、どれほどの数を今も覚えているだろうか？

どれだけ感動した言葉も、大切にすると誓った言葉も、時間の経過と共に色褪《いろあ》せ、いつの間にか忘れてしまう。記憶の中からすっぽりと抜け落ちてしまった言葉は、また出合い直さない限りもう一度拾えない。だからこそ、その場ですぐに書き写し、保存するようにしている。

例えば、わたしがまだ自分の人生に自信を持てず、日々気持ちをすり減らしながら生きていた頃。フリーランスとして自由な人生を生きる人たちが羨《うらや》ましくて妬《ねた》ましく、心の中にはドロドロと汚い色が混じり合い、自分のことが嫌いになりそうだった。

そんな窮地から救ってくれたのは、四角大輔さんの著書『自由であり続けるために20代で捨てるべき50のこと』（サンクチュアリ出版）に書かれていた「隣の芝生は青くない」というフレーズだった。

「隣の芝生は青くない。（中略）生き方においては、自己満足をめざしたヤツが最強だ。つねにめざすべきは、勝ち負けではなく、自己ベストだ。まわりを見るな。向き合うべきは自分の心だ。」（同書より）

この言葉と出合ったときハッとした。そうだ、自分はなぜ自分自身の庭を手入れすることより、他人の芝生の青さばかりを気にしていたのだろうかと。そんなことをしている暇はない。だってわたしは前に進むのだから、と。そしてこの言葉を、忘れずにいるため大きく書き写して、いつも目にするクロゼットに貼り付けた。

すると、つい気持ちが揺らぎそうになったり、立てたはずの自分の目標を見失いそうになったとき、目に入ったこの言葉たちが「一旦落ち着こう」と、自分を戒《いまし》めてくれるようになった。

わたしが実践していたようにクロゼットやトイレや玄関に貼ってもいいし、手帳やパスケースに入れてもいい。スマホの待受にする選択肢もあるだろう。とにかく言葉が自分の頭の中からいなくなる前に、きちんと捕える。一度自分を照らしてくれた言葉は、何度だってもう一度行き先を明るく照らしてくれるはずだ。

自分を支えてくれる言葉を持ち歩く習慣をつくってみる。
手帳やパスケース、クロゼットなど、毎日目の合うところに貼っておく。

5

心ときめく文を「写経」してみる

「素敵だ」と感じるものを分解し、
とことん味わう。
テンポや言葉の選び方、句読点の位置。
そういうものひとつひとつに宿る美しさを
自分の手で掬《すく》い取ってみる。

仕事で言葉を扱うようになってから、上達のためによく「写経」を取り入れていた。妙に心惹《ひ》かれる文章を、句読点のひとつひとつまで丸写しするという地道な作業なのだけれど、きっちり取り組んでみると色んな気づきをもらえる。

自分が「なんとなく」好きだと感じていた文章の「なんとなく」が理解できるようになるし、あえて漢字ではなくひらがなにしている箇所だとか、言葉の並べ方だとか、作者の癖だとか。そういうこだわりや個性に直接アクセスすることができる。

わたしがこれまで好んで「写経」をしてきた著名な方だと、作家の原田マハさんや吉本ばななさん、そしてユニークな言い回しが特徴の森見登美彦さん。作品の文章を書き写すことで「好きな部分」が明確になり、自分の創作活動にもいい影響を与えてくれた。

また、美しい言葉の流れや表情豊かな言葉を知ると、自分自身の発する言葉も変わってくる。メールや手紙、創作する文章の質がだんだんと向上し、結果、自分の言葉が好きになる。

わたしは仕事柄、本をよく読むので「写経」の素材には書籍を選ぶことが多い。けれども、その対象は本だけではなく、ネット上で見かけた感じの良い文章、やたらバズっているＳＮＳの投稿、人気店のメニューでも、なんでもいい。

大切なのは、自分の心を揺さぶる言葉を、一言一句違わずに写すことだ。そうすることで、頭の中には美しいバランスやリズム感がストックされていき、自分自身にも染み込み栄養になる。

夢中で文章を「写経」していると、頭の中からそれ以外のものが一斉に消える。「なんだかちょっとモヤモヤする」。そんなときのリセット方法のひとつとしても、おすすめしたい。

心地よいと感じるものには、必ず理由がある。
「写経」を通じて分解し、味わうことで栄養になる。

6

日本語以外の言語を習得してみる

「その国の文化や特徴」が見える程度まで
他国の言葉を学んでみる。
日本語以外の言葉にふれることで、
今までは見ることができなかった
世界の扉が目の前に現れてくれる。
英語、タイ語、ロシア語、中国語。
ふれてみる言語はなんでも構わない。

最近になり、ようやく重い腰を上げ英語を改めて学び直しはじめた。タイのチェンマイで暮らしているので「学ぶ言語はタイ語じゃないんですね」と不思議がる人も多いけれど、タイ語を学ぶにも英語を初めに理解できていたほうが良い。なぜなら授業は英語で行われることが多いからだ。加えて、この温暖でのんびりとした町には世界中から次々と人が移り住んでくる。ロシア人、中国人、ヨーロピアンにアメリカン。母国語がそれぞれ違う彼らとみんなで話す際にも、やっぱり採用されるのは英語である。

あたらしい語学は、交友関係のみではなく自分の世界も広げてくれる。今までそこにあっても気づかなかった事実に、突然光を当ててくれたりもする。まさに真っ暗だったステージに突如、スポットライトが照らされるように。

先日カザフスタンと中国の友人と、カフェでお茶をしているときに「色」の話をした。きっかけは雨上がりに空にかかっていた虹を見上げながら、みんなで何色に見える？　と雑談していたこと。

「英語で色の名前って何色あるんだろうねえ」

そんな話から派生して、自分たちの国の話に移行した。

日本はどうなのか調べてみると、なんと2000を超える日本名が存在していて、その圧倒的な数にわたしも友人たちと一緒に驚いていた。

「日本人にはどんなふうにこの世界が見えているの？」

生まれて初めてそんな質問をされ、なんだか心がくすぐったかった。

これまでも日本には他国と異なる文化があふれていることは、日本カルチャーが世界中から愛されていることでなんとなく理解していたけれど。

では具体的にどこが？　と聞かれると、今までは上手く答えられなかった。

けれどなんだかその尻尾《しっぽ》を摑んだような気がして、嬉しくなったのだ。

母国語ではない言語とふれ合うと、自分の国のことも、他国のことも、手のひらの上でちゃんとさわりながら、比べられるようになる。

例えば日本人は、本当によく周りに気を使う。言葉の端々や態度から「相手にどう思われるか」「自分が相手にとってどうしたら不快な存在にならないか」に全心全力を注いでいる。

それに対して他国の友人たちは、朗らかで気ままに「どう自分が心地よいか」を優先しているように見えることが多い。使う言葉もいつもイエス・ノー。はっきりしている。

もちろん、コミュニケーションの手段として他言語を学ぶ人が多い。

けれど同時に、自分の国の魅力にふれること。

自国の言葉を愛し直すために、そしてそんな国に生きている自分を愛しむためにあるとわたしは思う。

知らない言語にふれることで、自分の話す言葉をより愛すことができる。
見えにくくなっていたものにスポットライトを当ててくれたりする。

7

友人と
お気に入りの本を
1冊、交換してみる

自分の琴線にはふれなかったけれど、
誰かの心にしっかり根付いた本。
それらを持ち寄って互いにおすすめをしあう。
シンプルな遊びだけれど、
きっとこの先何歳になっても
楽しみながら感性を育てられる方法だ。

お気に入りの本を持ち寄って交換する会をときどき、友人を5～6人集めて開催している。それぞれ1冊、紹介したい本を持ち寄って、みんなで交換するシンプルな内容の会だ。

交換の際、持ってきた書籍がどんな内容なのか要約して伝え、自分自身が「なぜこれを今回選んだのか」「どこが良いと思ったのか」を5分ほどでプレゼンをする。どんなに思い入れのある一冊も、5分と決まった時間でまとめるのは思いの外簡単ではない。どこをどう切り取り調理するのか、頭を悩ませる。

「自分の言葉で魅力を伝える」行為は、自分自身の考えをクリアにするための練習にもなる。

またランダムに本を交換することで、自分では絶対手に取らないし、きっとこれから先の未来でも縁のなかった一冊と出合うことができる。本の交換会は、本屋さんが一般向けのイベントとして主催しているケースも多く、たまに参加させてもらっている。

本屋主催の交換会は、事前にテーマが設定されていることが多い。「燃え上がるような恋をしたくなる本」をテーマに交換する会で、わたしは吉本ばななさんの著書『デッドエンドの思い出』(文藝春秋)を持って参加した。代わりにわたしの元にやってきたのは、世良サトシさんの著書『脳のバグらせ方 脳がわかれば恋は作れる』(KADOKAWA)。きっと自分では手に取ることのなかったジャンルの本だったので、新鮮な気持ちで楽しめた。

交換した本は、その後、時間のあるときにコツコツ読み進める。読了後は、その感想もなるべく言葉に残している。

「最近、なんだか同じような本ばかり読んでいるな」と感じたら。ぜひ自ら他人の思考にふれる場へ出向いてみてほしい。

趣味の合う、合わないに関係なく友人同士で1冊本を交換してみる。
どこが好きなのか、なぜこの本を選んだのか説明する。

8

理想の人がおすすめしている本を読む

自分の感性を育てるためには、
積極的に他者の感性にふれることが重要。
本はたった1000円くらいで、
自分の価値観を変えるような出合いを
運んできてくれる宝箱のような存在。

この本を執筆することが決まってから、ずっと「わたしの感性はどう育ってきたのだろう?」と考えていた。生まれたその瞬間から素晴らしい感性に恵まれている人なんてきっと一握りの天才だけだし、わたしを含め多くの人が「個」として育っていく過程で、見たもの、聞いたこと、そして出会った人など、外部からの刺激によって感性が形成されてきたはずだ。

だから自分の感性を今よりも理想の形に押し上げたかったり、チューニングするためには、他者の感性にふれる機会を増やすことが重要だと思う。なかでも、わたしはよく「理想の人がおすすめしている本を手に入れてみる」をよくやっている。前の項では偶然性の価値について書いたが、ここでは憧れている人の思考をなぞったり、追体験することで得られる価値に焦点をあてている。

20代中盤、駆け出しのWebライターだった頃、社内で、既にわたしの先を走る先輩ライターの方に「読んだほうが良い本はあるか」を聞いて回った。みんな快く教えてくれるし、タイトルを教えてもらえれば、本屋に行かずともその場ですぐに購入できる時代に生きている。聞いた直後にその場で買うボタンを押して、片っ端から読み漁《あさ》った。なかでも複数人から名前が挙がった唐木元さんの著書『新しい文章力の教室 苦手を得意に変えるナタリー式トレーニング』(インプレス)は、今でもときどき開くわたしのバイブルだ。

「なりたい自分像」が明確であればあるほど、良書と巡り合う機会が多くなる。一方で、その輪郭が曖昧《あいまい》な状態でも、「人生で印象に残っている本ってある?」や「2回以上読んだ本ってある?」と尋ねて、その人にとって重要な鍵となっている本をインストールさせてもらえるよう努力している。

もちろん身近な人でなくてもいい。アーティストや芸能人、インフルエンサーだっていい。「理想の人がすすめる本を読む」は、その人と直接会話するのと、同等の価値があると思う。今後も続けていきたい、大切な習慣だ。

本のコスパは最強。特に自分の理想としている人がおすすめしてくれる本は、躊躇《ちゅうちょ》せず買ったほうがいい。

9

ハイブランドの服に袖を通してみる

「本当に良いもの」
「世の中で良いと言われるもの」を
肌で体感し、知っておく。
普段なかなか足を踏み入れることのない高級店は、
自分の解像度と人生のレベルを
押し上げる手伝いをしてくれる。

人は年齢を重ねると「自分に似合うもの」と「似合わないもの」がわかってくる。若いうちはまだ自分のことがよくわからないから、色んなものを気ままに試していたけれど、20代後半、30代あたりに差し掛かってくると、同じような形や色、いつものアパレルブランドがクロゼットの大半をしめるようになってくる。自分に似合うものをよく理解している大人は素敵だ。けれど、時折その心地よい場所から冒険してみるのも、大人になった今だからこそできることなのだと思う。

東京の表参道、銀座などの一等地と呼ばれる場所には、ブルガリやルイ・ヴィトンなどハイブランドの路面店がずらりと軒を連ねている。名前は知っているけれど人生で一度も入店したことはなかった。理由はブランド自体にさほど興味がなかったし「こういうお店はそのブランドが好きな人か、お金に余裕がある人だけが入る場所」と認識していたからだ。

そんなわたしも「たまには自分の枠から飛び出してみる経験をしよう」と、あるときから意識的に店の前にドアマンの立つハイブランドのお店にふらりと立ち寄るようになった。きちんと教育を受けた最高に気持ちの良い接客、上質な縫製と仕立て。店の隅々までピンと張り詰めた空気。

店に入るだけではなく、スタイリングや形が美しいと思う洋服は、勇気を出して試着をさせてもらう。実際に袖を通してみると、例えば自分の体型やヘアスタイル、メイクなど、普段とは異なる角度から自分を観察することができる。試してみると、案外自分に似合っていたりもする。

試着させてもらう際は、きちんと店に敬意を払う。「試着していいですか？」と声をかけ、自分からはむやみに手をふれない。価格が気になるものは「いくらですか？」とさわらずにまず声をかける。

また、もし可能であれば「良いものがあったら購入しよう」という心持ちでお財布には多めにお金を入れていく。もしかしたら初めてハイブランドのものを購入する、という体験に繋《つな》がるかもしれない。

「自分に似合うもの」は年齢や気持ちでも変わる。常にアップデートする心を持ち続けていたい。

普段身に纏《まと》うことがない上質な縫製、仕立ての服に袖を通してみる。
肌で経験すると、普段の自分とは違った一面に出会える。

10

オーナーになったつもりで カフェやレストランで 過ごしてみる

──

レストランやカフェなどの店での
過ごし方を変える。
「何かあたらしい気づきを持ち帰ろう」
という目的で訪れていると、
アイデアや感性の引き出しが増えていく。
すると、今まで気づけなかった気遣いや
こだわりにも気づくことができる。

基本わたしは怠け者なので、すぐに自分を甘やかしてしまう。例えば仕事の執筆だとか、登壇だとか、そういうものを乗り切るためにはご褒美がかかせない。

そういうちょっと頑張りたいときのゴールは、「行きたかったカフェやレストランに行く」がちょうど良い。Google Mapsの「行きたいところリスト」にはたくさんのピンが並んでいる。

そうして初めてのお店を訪れるとき。もちろんお目当てのケーキやご飯を楽しみつつ、わたしはこっそり、密《ひそ》かな遊びを楽しんでいる。お店にお客さんではなく、オーナーになったつもりで滞在してみるのだ。

店内の壁や椅子の並び、メニューの順番を見ながら、

「席に花が生けてあるのは、日陰のスペースでも朗らかに過ごしてもらうためかな」

「鏡張りの構造なのは、お店を広く見せるためかな」

「このあたりは旅行客も多いから、メニューに英語を載せてもいいかも」

なんて好き勝手に考えをめぐらせてみる。

ポイントをたくさん見つけたら「お店の良かったこと」と「もっと改善できそうなこと」をノートに書き記してみたりする。こうして見つけた気づきを、ふと思い立ったときに見返してみる。

するとお部屋を彩るときのアイデアの助けになったり、仕事をする上でのアイデアの種になってくれたり。「良いと感じるもの」を言語化する引き出しを増やしてくれる。

他人のお店をオーナーになった目線で眺めるのは楽しいし、クリエイティブな遊びだと思う。日頃からこうやってアンテナを鋭く張り巡らせる練習をしておけば、感性は日々の中でいくらでも育むことができる。

お客さんではなく、
その店のオーナーになったつもりで過ごしてみる。

——2章

自分の心と向き合う

11

なんでも相談できる とっておきのノートを持つ

なんでもデジタルで済んでしまう今の時代。
あえて様々な方向や場所に書くことができる、
手書きがくれる恩恵は大きい。
何かあったら相談できるような
「これがわたしのお気に入り」がそばにいると、
メモすること自体が楽しみになる。

わたしは何かとメモを残すのが好きだ。ちいさな日々のタスクから誰かへの言付けまで、とにかくなんでも手書きで残しておきたい。手紙を出したり、原稿用紙に物語を綴《つづ》るのも好きなので、これだけデジタル中心で仕事をするようになった今でも、アナログとはなかなか縁を切れない。

全てを覚えておくことができたら素晴らしいけれど、脳みそのキャパシティだけに頼るのはどうしても限界があるから、どんな些細《ささい》なことでもメモをするようになった。

ただ、思いついたらすぐさま書くので、最近まで複数のノートにメモを取っていて「あれ、どこに書いたっけ？」と結局アクセスできないことが多発していた。どうしたものかと考えた結果、ほかのノートなんて使いたくならないくらいの、とっておきのノートを迎えることにした。

今わたしが使っているのは、表紙や中紙を全て自分で選んでつくった、オリジナルのノート。こっくり深い緑色の革に、中には6～7種類ほどの紙を使用している。ふたつを繋げる接着面は、鮮やかなピンクの糸で編み上げた。暮らしているチェンマイで、タイの友人がノートをつくるワークショップを開催していたので、そこに参加し一日がかりでつくった、A5サイズのノートだ。

このサイズなら持ち歩きには不便しない上、見開きでA4サイズになるので、広げてたっぷりとメモを取りながら考えごともできる。しっくりくるちょうどいい大きさ。

この子を使いはじめてからは、他のノートに浮気をすることがなくなり、メモが分散しがちという問題からも無事解放された。愛してやまないノートを開く行為自体が楽しくて、メモ魔としては一層筆が進む。

ちなみに、メモをするときは、ページの左上に「〇〇年〇月〇日」と、日付を書き添えるのがわたし流。ふとしたときに読み返すと、当時のわたしがいったいどんなことを考えていたのか、懐かしむような気持ちで振り返られるのでおすすめだ。

無造作に様々なジャンルのメモを一緒にしておくと、
それらの化学反応が起こる。

12

眠りにつく前に「今日心が動いたこと」を5個書く習慣を持つ

眠りにつく前の時間の過ごし方で、
その一日の質が大きく変わる。
5分、10分の短い時間で構わない。
自分の心にちいさな栄養補給をするために
立ち止まる習慣をつくる。

他人を認めるよりも、自分を認めてあげることのほうがわたしにとっては難しい。

ついお昼寝してしまいノルマが達成できなかったことや、やるべきことを後回しにして遊んでしまったこと、そういう「できなかったこと」にばかりフォーカスしてしまい、反省したり、もっと頑張らねばとつい厳しくしてしまう。

でもそもそも、朝起きて仕事に出かけたり、きちんとごはんを食べたり、そういう「いつも通り」を繰り返すこと自体、わたしたちは本当によく頑張っていると思う。「生きてるだけで丸儲け」なんて言葉があるように、今日をちゃんと生き抜いたこと自体、わたしたちはすでに、とってもえらい。

つい厳しくなってしまう自分を甘やかすため、毎日、夜寝る前に「今日素晴らしかったこと」を5つ、ノートに書き留めるようにしている。これは自己肯定感を上げるのが上手ではない人に、特に効く。暇さえあれば自分の粗探しをしてしまうわたしも、この習慣に救われている。

素晴らしかったことを5つも見つけるだなんてハードルが高すぎる、と感じるかもしれない。なので条件はグッと低くて良い。例えば、ちゃんとお風呂に入ったこと、出かける前にメイクをしたこと、残さずにごはんを食べたことなど。「人助けをした」のようなドラマチックなエピソードを探す必要はなく、ちいさく些細なことでもいい。自分を存分に甘やかして褒めてあげることを目的に、その日を振り返ってみる。

これを続けていくと、未来ではいいことがふたつある。

ひとつは、自己肯定感が格段に上がる。自分をもっと好きになれたり、自信がついたりする。誰かの言葉や視点に左右されない、自分らしさを形づくるきっかけにもなる。

もうひとつは、世の中の機微に敏感になれること。自分を日々見つめる行為を通して、世界を見るための視点が増え、美しさや尊さへのアンテナが張れるようになる。カフェに降り注ぐ光がきれいであることや、友人の表情が明るいことだとか、そういう何気ないことを見つける視点が身につく。


外に素晴らしさを見出すためには、まずは自分自身から。一日で5つと言わず20も30も、何個も素晴らしいことを見つけられるようになる、そんな日を目指して。


夜寝る前に「今日自分を褒めてあげたいこと」を5つ、ノートに書き留める。

繰り返し取り組んでいくと、自分の心の機微に敏感になる。

13

頭に浮かんだことをなんでも書き記す「モーニングページ」に挑戦してみる

起きたばかりの状態で、
頭の中で何度も繰り返し再生される
悩みや雑念をとにかく全て書き出す。
脳内が空っぽになり、
創造性のスイッチや感性を研ぎ澄ますための
余白が生まれる。

特別大きな悩みごとはないはずなのになんかモヤッとする。それでもって、眠れない。そんな夜はないだろうか？　深刻な悩みは見当たらないんだけど、なんだかちいさな悩みの欠片《かけら》が集合して、頭の中をぐるぐる回り、目が冴えてしまう。

この現象を、昔読んだ岡田斗司夫さんの著書『あなたを天才にするスマートノート』（文藝春秋）の中では「悩みのジャグリング」と呼んでいる。同じ悩みごとを反復するせいで、問題が大きなものと錯覚してしまうのだ。

その解決方法で、わたしは「モーニングページ」を採用している。ジュリア・キャメロンの著書『ずっとやりたかったことを、やりなさい。』（サンマーク出版）で登場し「脳の排水」として紹介されていた方法だ。

朝起きたばかりの状態で、頭の中にある悩み・考え・雑念を全て書き出す。すると脳内が空っぽになり、創造性が豊かになったり、感性を研ぎ澄ますスイッチがオンになったりするそうだ。

誰かに読ませるものではないから、思いついたものを思いついたままに、書いていく。綺麗に書こうだなんて考えず、ただ頭の中にある、ずっしりとした思考の塊《かたまり》を外に出していく。そういうイメージで。

書き出すのに使う時間は、毎週休日朝に30分程度。一度書いたことでも、頭によぎるのなら、その度に何度も繰り返し書く。週によって、書いても書いてもとまらないこともあるし、反対にいくつか書き出しただけですっと手がとまることもある。

時間や量に特に縛りやルールはないので、30分以上かかってもいい。とにかく頭の中から悩みの欠片が消え去るまで諦めずに発散しつづける。

書き終わったモーニングページは、大切に保管するのではなく、ビリビリと破って、潔くゴミ箱へ。「捨てた」という事実が、脳内をリセットするのに効いてくれる。

「書くだけでそんなにすっきりするのか」と思う人も一度この方法を試してみてほしい。休日の朝、美味しいコーヒーなんかを用意して、ゆっくり自分と向き合う時間をつくってみる。きっと、空っぽになった頭の余白には、やりたいことや、これまで忘れていたつくりたいもののアイデアがやってくるはずだ。

早朝の清々《すがすが》しい時間を味方につけ、
創造性のスイッチを入れる。

14

スクラップブッキングで自分の好きを見つける

―

「あれもダメ」「これもダメ」と強要されたり、
他人の顔色を読むことばかり上手くなってしまうと、
自分の本当に大事にしたかったものを見失ってしまう。
スクラップブッキングを利用して、
「好き」の輪郭をはっきりさせ、
他人の価値観に左右されない軸をつくる。

ちいさな頃から頑固で、何もかも自分が納得しないと前に進めなかったわたしは、世間の「暗黙の了解」を理解したり、流行っているものやみんなが良いと言っているものに上手に同意できない、多分可愛くない子供だった。

それはときに他人との摩擦を生んだし、大人に嫌われたりもした。結局そのまま自由気ままな人間に育ってしまったけれど、あのとき散々取り上げられそうになった個性やわたしの中の「好き」は、自分の感性をつくってあげるための材料だったのではないか、と今にして思う。

他人との調和が大切なことは理解している。そのために嘘をついたり、自分を偽ることが必要な場面があることも分かる。だけれどそんな中でずっと暮らしていると、これは自分と他人どちらの価値観なのか、区別がつかなくなってしまうことがあると思う。他人がどれだけ「良い」と称賛するものでも、自分にとってそうでないのであれば、別にそれは突っぱねて良いのだ。そしてそれに対して「良くない」と言えることは、悪でも何でもない。自分のものさしをきちんと当てて物事を考えている証拠だと思う。

今、もし既に迷子になってしまっている人がいたら、自分軸を取り戻す方法としてスクラップブッキングをおすすめしたい。雑誌のデザインやポストカード、洋服やインテリア、絵画に料理などなど、自分にとっての好きを、集めて可視化していく作業だ。

アナログ派の人はノートにコツコツ切り貼りを。デジタル派の人は、Pinterestを活用すると手軽にスクラップできるのでぜひ活用を。

そこに集っているものたちは、誰に強制されたわけでもない、自分のためだけの純度の高い大切なものだ。自分らしさがなんだかわからなくなってしまったら、立ち返るための原点にしてほしい。

デジタル派の人にはPinterestの活用、
アナログ派の人はノートに切り貼りがおすすめ。いずれも自分に似合う方法で。

15

自分の「心地よい」をあらゆる側面から研究する

「職場と家以外の第三の場所を持つと良い」
という言葉をよく耳にする。
でもきっとそんな大袈裟な名前を付けるには
躊躇してしまうような、
ちいさな心の拠《よ》り所をたくさん持っているだけで、
人生の満足度が大きく変わる。

頑張ることに疲れてしまったとき、誰も自分を知らない場所に行きたいとき、外からエネルギーをもらいたいとき。そういうときに、心の底から羽を休められる、すっと新鮮な空気が喉を通っていくような居場所があると、いつでもすぐニュートラルな自分を取り戻すことができる。

お店でも、公共施設でも、国単位でも、粒度はなんでも良い。自分にリセットボタンを押してくれるような「心の安寧《あんねい》を保てる場所」と聞いて頭に浮かぶ場所はあるだろうか。

わたしの好きな場所は、実は東京の汐留にある。チェーンのコーヒー店なのだけど、自分を取り戻したくなる度、足繁《あししげ》く通っている。

天井が高く、大きな窓があって、カウンター席からはゆりかもめが空を滑る様子や、往来する人々の姿が見える。人によってはなんてことのないふつうのチェーン店。でもわたしはそこで、コーヒーをちびちび飲みながらぼーっと本を開いているだけで、疲れやストレスがじんわりと溶け出していく。お店を出る頃には体は軽くなっていて、なんだか温泉に浸かったあとのような気分になるのだ。

もしも今、そんな場所がすぐに思い浮かばない人は「これまで訪れてみて、なんだか心地よかった場所」を書いて、あらゆる角度から分析してみてほしい。これまで訪れた店や場所の中で心地よかったものの名称を書き出し、それらの横に地形や、人口密度、出せる場合は海や山などの自然の有無、最低気温と最高気温、カフェだったら席数、特に好きだと感じた点をずらりと5から6項目ほど書き出してみる。そうすると自分の好きな場所の共通点が可視化される。

そうすることで、自分でも忘れてしまっていた心地のよい場所を思い出せたり、あらたに出合えたりする確率が格段に上がる。

誰がなんと言おうと構わないし、複数あるとなお良い。自分のそういう特別な場所は人生のセーブポイントのような存在を果たしてくれる。

自宅と職場以外に自分の居場所を持っておく。
今、そうした場所がないと感じる人は過去に訪れた好きな場所を分析してみる。

16

「自分に幸せを与えてくれるもの」を言語化する

お砂糖をまぶした素朴なドーナツ、
ちょっと硬めのベイクドチーズケーキ、
鳥が家路を急ぐ夕方の空、
何も考えずにシャボン玉を膨らませる時間。

これらは、わたしが幸せを感じる瞬間を並べたもの。

「好き」の粒度は様々だけれど、自分にとっての「なんか心地よいもの」「なんか幸せな気持ちになるもの」を言葉にして持っておくのは、自分の機嫌を自分で取らなければいけない大人にとって、必要なものだと思う。

書き留めておくことで、気持ちが沈んでしまったときや心の温度がなかなか上がらないときに助けてくれる。今までは「どうしたらいいんだろう?」と何もできなかったところに、「じゃあ、今日は夕方の空を見ながらお散歩してみよう」とか、「雨音を聴きながら、美味しいドーナツでも食べてみよう」とか、より良い提案を自分にしてあげられるようになる。

今、この瞬間から、好きなものを見つけて並べて、自分だけのとっておきのリストをつくってみよう。日々の暮らしが「好き」でいっぱいになると、きっと心も存分に満たされていく。

自分を幸せにしてくれるもの、逆に嫌な気持ちにするものを言語化しておく。するとと好きなものは手元に、嫌いなものは遠ざけることができる。

17

半年に一度「最高の一日を考える」を書くことにチャレンジしてみる

誰もがきっと一度は、自分の理想の暮らしを思い描いたことがあると思う。海のそばの大きな家に住んで大きな犬を飼ってみたり、緑に囲まれたお部屋に住んでみたり。

自分にとっての幸せの定義をよく理解している人は素敵だ。他人の言葉に左右されにくいし、毎日を楽しく生きている人が多い。

じゃあ、そんな〝最高の生き方〟を知るためには、何をしたらいいのだろうか？　20代、幸せな生き方を探してもがいていた時期、わたしは「最高の一日を考える」という一人ワークショップの方法にたどり着いた。この「最高の一日」というのは、スペシャルな一日という意味ではない。「毎日が、どういう一日の繰り返しだったら、自分は幸せを感じるのか」という意味になる。

最高の一日は、朝起きてから夜寝るまでをできるだけ細かい描写で書き上げていく。例えば「早起きする」ではなく「6時半にふかふかの真っ白なベッドで目が覚める」。また「猫を飼う」ではなく「黒と白の雑種の猫を飼う。首輪は赤色」みたいな具合だ。

なかなか書けない人はストーリー調ではなく時間ごとに区切り、箇条書きにしていく。細かく書けば書くだけ、自分のイメージする理想の暮らしが見えてくる。このとき、現在の仕事や家庭環境などのしがらみは一切考えない。制限を設けると思考が閉じてしまうので、一旦は自由な思想で書き進めてみてほしい。そうすると、自ずと現時点との差分が見えてくる。理想が7時に起きることだとしても、9時に起きている現実があれば、その2時間をどう改善するのかと考えられる。そういう具合だ。

人生で初めて「最高の一日」を書いたとき、現実のわたしは東京・青山の会社でＷｅｂデザイナーとしてアルバイトをしていた。「世界中飛び回って仕事をしている」と書いた最高の一日を友人に話すと「大それた夢だねえ！」と笑われたのをよく覚えている。

けれどその数年後、わたしは無事、世界中を飛び回りながら生きることになった。それは忠実に理想と現実を見比べながら、コツコツとその差を埋めてきた賜物《たまもの》だ。

最高の一日を実現するには時間がかかる。ただ、それを知っているか、知っていないかで話す言葉も、摑めるチャンスの量も変わってくる。まずは書いてみること。ちいさな一歩を踏み出すことは、今すぐこの瞬間からできるはずだ。

自分にとって最高の一日を想像しながら半年に一度書き上げてみる。
理想と現実を照らし合わせながら、人生をチューニングしていく。

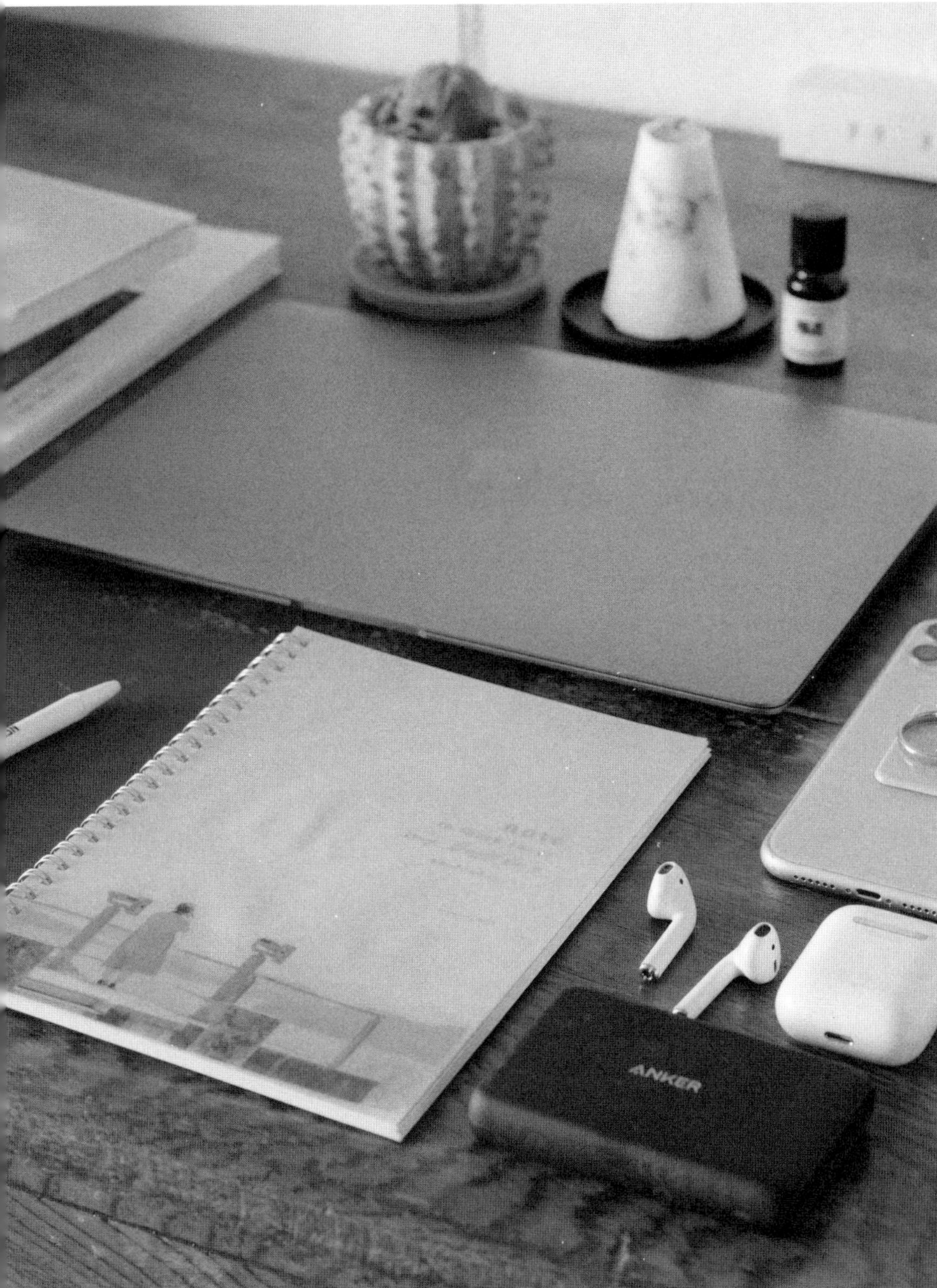
ANKER

18

「今日が人生最後の日だったら」と仮定して一日を生きてみる

今日自分がこの地球で健やかに生きていることに対して疑問を持ったり、不思議に思う瞬間は少ない。それはきっとこの国が平和で、そんなふうに命の危機を感じながら生きる必要がないからだ。

けれど昔はどうだっただろう？　原始時代なら野生の動物に命を取られるかもしれないし、江戸時代なら、刀で誰かに襲われる危険があるかもしれない。「次の瞬間、自分の命はなくなってしまうかも」。そんな気持ちと隣り合わせで生きる毎日は、瞬間瞬間が愛しく、濃度の高いものだったはず。

現代を生きているわたしたちも「もしかしたら今日が最後の日かもしれない」と思いながら生きてみると「まあ、今日くらいは」と妥協してしまうことに熱意をそそげるようになる。

いつもは適当にコンビニで購入していた昼食も、これが最後のランチかも、と思うと自分の心と丁寧に相談しながらいつもと違う選択ができたりする。テキトーに選んでいた服も、最後ならきっととっておきのものを選ぶようになる。

そういうふうに考えていくと、自分自身が抱いている「本当は大切にしたかったこと」が見えてくる。自分は何を食べたいのか、どんな服を着ていたいのか、誰と過ごしていたいのか。普段は気づけなかった気持ちに、気づくことができる。

わたし自身も自分の人生最後の日を考えたときに、東京で生きているイメージが湧かなかった。だからこそきっと今、大好きな町にいるのだと思う。

「人生最後の食事」「人生最後の睡眠」「人生最後のカフェ」。そんなふうに「人生最後の○○」を考えていくと、自分らしい生き方の指針ができる。

そして、生まれた欲求にはどうか耳を澄ませてあげてほしい。そうすれば、明日からの日々が今よりも少し前向きに、朗らかに変わっていくはずだから。

「今日が人生最後の日だったら何をしたいか」で過ごしてみる。
人間関係や仕事、食べるものなど本当の気持ちが見えてくる。

19

いつかやりたいをかなえるための「100のことリスト」を毎年つくる

何かとバタバタと忙しい年末。わざわざ毎年12月31日に、決まってつくるものがある。それは「次の年にやりたい100のことリスト」をつくること。こんな忙しい時期にわざわざ、と思う人もいるかもしれない。けれど気持ちが高揚しやすい年の瀬はやけに筆がのるので毎年この日に書く。

このリストは名前の通りで、とにかく次の年にやりたいことを100個書く。今年の年末も例に漏れず、わたしはカフェに仲良しの友人たちを集め早朝からこのリストを作成した。一緒に書くことで、誰かのリストから刺激を受けて「わたしもそれ一緒にやりたい！」なんてことも発生する。クリアしたものには斜線を引く。書く場所はgoogleのスプレッドシートでもいいし、手書きのノートでもいい。ただなるべく日々目につくところに置いておく。

本来これは「BUCKET LIST」、つまり「棺桶に入るまでにやりたいこと」という名前で親しまれている。株式会社MATCHAの代表、青木優さんのブログをきっかけに知り、2015年から書きはじめた。本来は一生でやりたいことを綴っていくリストだが、わたしは1年で区切ってつくっている。

人生は長いようで短い。「そういえばあんなことやってみたかったな」とふと思い出したとき、もう体がついていかなくなっていたり、時間を捻出するのが難しくなっていたりする。そうなる前にリストの力を借りて自分との約束をかなえてあげる。

初めて「BUCKET LIST」をつくったときは、もうとにかく、繰り広げる妄想にワクワクして、自分の人生が、まだ見ぬ可能性にあふれていることを知った。

ちなみに、前年で達成できなかったことを翌年に持ち越すのもOK。わたしのリストでは、何年も「スコットランドへネッシーを探しに行く」という項目が、大切に大切に繰り越されている。そろそろかなえてあげたい。

1年に一度「今年やりたい100のことリスト」をつくる。
元日や4月など、自分の気持ちを整理しやすいタイミングがおすすめ。

20

タイムカプセル郵便で未来のわたしへ手紙を出してみる

自分の成長を自分で実感したり、
過去の約束ごとをちゃんと未来に連れていくのは
難しい。
毎年、未来のわたしに手紙を宛てることで、
定点観測する習慣をつける。

高校生の頃「10年後の自分へ手紙を宛てる」という授業があった。詳細はうろ覚えなのだけど、確か当時実家の住所宛に手紙を出し、そんなものの存在をすっかり忘れた26歳に自宅へ届いた。

「子供が3人いると思いますが」とか「外国人の旦那とオーストラリアにマイホームを買っていると思いますが」とか綴られた手紙を握りしめながら、なんとも申し訳ない気持ちになった。そこから更に10年、未だ世界中をふらふらしていてごめんなさい。

未来なんて正直わかりっこない。けれど、「過去の自分からの手紙を受け取る」という体験は新鮮なものだったし、当時と現在のわたしの価値観の変化もよくわかる。過去の自分自身が考えていることを改めて、今の自分がどう見つめているか考えることは非常に有意義だった。

ここ数年、わたしは1年後の自分に向けた手紙を毎年したためている。年始頃に手紙を書いて、机の引き出しに入れておく。そしてその年の最後に取り出して読んでいる。

「今、英語で雑談できるようになりたいなって思っているけれど、1年後のわたし、どうですか？」とか「今やりたいと思ってるこれ、実現してる？」とか内容の粒度はまちまちで、今抱えている悩みごとや実現したい夢など決まりはない。

こんな調子で、未来の自分にサプライズを仕掛けていく。来年の自分が、過去の自分には負けるまいと生きてくれたらいいな、と思う。

現在、日本郵趣協会が「タイムカプセル郵便」というサービスを出している。手紙を書き、未来の指定する日と場所に届くよう、手紙を管理してくれるサービスだ。「机の中にしまったら忘れてしまいそう……」と心配な人は、ぜひ利用してみてほしい。

ちなみに、前項でお話しした「いつかやりたいをかなえるための『100のことリスト』を毎年つくる」も同じタイミングで用意している。年末年始おなじみのイベントとしてセットで設定しておくと、忘れることなく続けられるのでおすすめだ。

自分自身に手紙を書くと、いやでも未来を想像する。
「1年後の今日までにこんな自分になりたい」が明確化される。

21

なりたかった自分や「なりたい自分」の名刺をもう1枚つくってみる

他人が認めてくれるかどうかとか、
自分はまだまだだから、と考えない。
誰に遠慮する必要もない。
前のめりになりたい自分を摑みにいこう。

わたしの暮らしているタイ・チェンマイは、クラフトが盛んな町だ。土日になると各所でものづくりのマーケットが開かれ、様々な手づくりの商品が並ぶ。

プロ顔負けのものから思わず笑ってしまいそうなヘンテコなものまで、仲良く肩を並べる。「つくりはじめたのは1ヶ月前なんだけどね。アーティストとして生きてみたくて」と自慢げに胸を張るプログラマーの友人のお世辞にも上手とは言えない絵も、ちらほらと売れていくのを見て楽しい気持ちになったりする。

そんな自由な友人たちから、なりたいものに近づくための近道は「とりあえず名乗ってしまうこと」だと学んだ。自分が何者であるのかなんて、基本的には誰かに認められて公言するものではないはずなのだ。

思えば10代の頃、わたしは作家を名乗るためのオリジナル名刺をつくっていたことがある。当時、作家は憧れていた職業のひとつで、いずれそうなりたいと願っていたから、ちゃんと印刷所に頼んで活版印刷を施して。100枚ほどピカピカの「作家・古性のち」の名刺をつくっていた。特にお金をかけてつくった名刺は「もうこれになるしかないぞ！」という良いプレッシャーを与えてくれる。

本気で自分を変えたいとき、背水の陣は有効だ。今の時代、Canvaを始め、手軽にお洒落なデザインができるツールが世の中に数多くある。

「なりたいわたし」を導いてくれるもう1枚の夢の名刺は、なりたい自分に近づくための心強いパートナーになってくれる。

「なってから」ではなく
まずは「なりたい自分」を先に名乗る。

22

読み終わった小説を
もう一度読み返してみる

誰にでもきっとお守りのように大切にしている
本が存在する。
あのとき手にはとったものの、
特別になれなかった一冊に、
もう一度手を伸ばす機会を与えてあげる。
そうするとそれが人生を一緒に歩いてくれる
最強のパートナーとして生まれ変わったりする。

この書籍でも何度も繰り返し語ってしまっているが、わたしは読書が好きだ。暇さえあれば本を開き、物語の世界にダイブしてしまう。本は時折人生を変えてくれる。本屋でパラパラとページをめくっていて、鳥肌が全身にたち「まさしくこれは自分のための本だ！」と感じる出合いがあることも。きっと誰もが一度は経験したことがあるんじゃないだろうか。

反対に、最後まで読んでみたけれど結局ピンとこなかった本や、途中で投げ出してしまったものもあるはずだ。

そんな、衝撃を受けたものも、何も記憶に残らなかったものも、いずれの場合にしても、久方ぶりに読んでみると、まるで別の書籍かと思うほど捉え方が変わることがある。

人生で最も読んでいる本のひとつに、ブルック・ニューマンの著書『リトルターン』（集英社）がある。多分人生で１００回以上は繰り返し読んでいる、わたしのバイブルとも言える一冊。

主人公は、１羽のコアジサシ。ある日、ふと自分自身が「なぜ飛べるのか？」と疑問を持つようになり、今まで当たり前にできていたはずの「飛ぶ」ことが全くできなくなってしまう。そこから空へと戻るまでの彼の葛藤を描いた短いストーリーだ。

どのタイミングにおいても、欠かせない一冊であることには変わりない。ただ、その解釈や目線は年齢で随分変わる。10代は「なんだか好きだな」を言語化できなかったけれど、20代は激しくこの鳥に共感をし、多感な時期をすぎて現在30代のわたしは、再び飛べるようになったこの鳥と同様に、今大空を羽ばたいている。コアジサシが悩み、焦るシーンを、10代や20代の頃の自分と重ねながら、昔を懐かしむような心持ちで読んでいる。

時間の経過によって、本の価値や与えてくれる恩恵は変わる。もしも、身近に大切な一冊や、大して心に引っ掛からなかったものがあるなら、今一度読み返してみてほしい。本は、自分自身の成長を教えてくれる映し鏡のような存在だ。

小説自体は変わらずとも自分の感じ方や受け取り方が変わったことに気づく。最初読んだときには感じなかった感情を心の中に見つけられる。

23

生まれ変わりや死後の世界について考えてみる

特別な理由は特にないけれど、昔から生まれ変わりを信じている。

わたしたちは、さも当たり前のように毎日「ヒト」として地球で生きている。けれど、そうでなかった未来や過去もあり得るよなあ、と思うことがよくある。

そんなことを考えていると、今この瞬間わたしがここにいることは、幾重もの奇跡が重なった結果なのだと改めて実感するし、それだけで愉快な気持ちになる。こういう話に、特に正解やゴールはないけれど「次に生まれるなら何になりたい？」と時折、仲の良い友人同士カフェで話したりする時間が好きだ。

ちなみに、わたしは生まれ変わったらクラゲになりたいと思っている。昔は飼い猫になりたかったけれど、途中で路線変更をした。クラゲなら暖かい地域に生息できるし、生涯を終えると水に溶けるらしい。潔い生涯に惹かれた。推しはタコクラゲだ。

大人になって、こんな話を真剣にできる機会は少ない。でもきっと子供の頃にはこんな空想の話を飽きることなくしていた経験がないだろうか。それを馬鹿にする人もいなかったはずなのに、いつからかみんな「もしも」話よりも、生産性のある話ばかりを好むようになる。

答えがない問いについて、思考をめぐらせるのはいつだって楽しい。特に途方もない話題について話をしていると、悩みごとがいつの間にかちっぽけで、くだらなく思えたりする。

「生まれ変わったら、なんて全然思いつかない」

そんなふうに思考停止してしまうときが訪れたら、きっとそれはイエロー信号。忙しい日々の中で、創作や空想を楽しむ余裕を失っている合図かもしれない。

なんでもない話を夢中で楽しめる。心の健康状態を測る、バロメータにしても良いかもしれない。

次の自分の人生について無責任に色々話してみる。
今世から少し離れて物事を考えると、視野が広がる。

24

1年に一度セルフポートレートを撮ってみる

仕事柄、写真を撮る側に回ることは多々あれど、撮られる機会は少ない。なので突然レンズを向けられるとどうしていいのかわからず、中途半端な笑顔を向けてしまう。

そして結局後で見返してなんだか落ち込んでしまって、永久のお蔵入りになったりする。きっとこうなってしまうのは、わたしだけではないと思う。

30代に入った今、写真を通して自分の現実と対峙《たいじ》するのはもはや苦行だ。昔と比べてシワが増えたことや、肌のハリがなくなったこととか、意識しなくともネガティブな要素にばかりが目いってしまう。

そんなわたしが始めたのが、あえてセルフポートレートを撮る試みだ。セルフポートレートとはその名の通りで、自分で自分自身を撮影する。しかしアプリケーションを使ったり装飾したりはせずに、ただ目の前の「そのままの自分」を切り取る。

あえて自分の写真を撮るようになったのは「老いること」が後ろ向きなことではない、と気づいたからだと思う。

もちろん、シワだってシミだって目をつぶれるものならつぶりたいし、見ないふりをしたい。けれどそれらは確かにわたしと一緒に歴史を歩んできた、いわば生きてきた証《あかし》だ。

セルフポートレートは1年に一度、同じ日に撮る。必ず同じ角度で撮らなくても良いけれど、なるべく同じ場所で撮れるとより好ましい。そして、じっくり眺める。

言葉に言霊があるのと同じで、きっと心の声にも「言霊」がある。

なので頭に否定的な言葉が浮かんできても、ポジティブに変換するのがおすすめだ。

わたし自身も、写真できちんと自分を見つめられるようになったことで、否定的だった性格が随分と改善したように感じる。写真に写るのが嫌いな人ほど、リハビリのつもりで試してみてほしい。

最初は勇気がいる。だけれど、この写真は誰に見られるわけでもない。自分のための、自分だけの写真なのだ。思い切ってチャレンジしてみてほしい。

1年に一度自分を見つめる機会をつくる。
改善点やあたらしいチャームポイントを冷静に見つけられたりする。

今よく使われている言葉を借りるのなら、
わたしの幼少期は多分生きづらさの詰め合わせだった。
もちろん当時は上手に言語化なんてできなかったから、
当人はそんなこと思ってはいなかったけれど。

毎日家の近くまでお迎えに来る
幼稚園バスを見るたび鳥肌が立ち、
食べる時間も、遊ぶ時間も、
みんなで歌う曲さえもルール化されている幼稚園は
わたしにとって実に奇妙な場所だった。

小学校や中学校に上がり
「学校が好きだ」と言う同級生は宇宙人に見えたし、
本人の意志とは関係なく詰め込まれたクラスの環境を、
わたしは「飼育されているハムスターのようだ」と
当時の作文で表現していた。

「なぜ宿題をやらなければいけないのか」と
素朴な疑問をぶつけては
担任に反抗的な子だとレッテルを貼られ、
簡単なルールにすら素直に従うことのできないわたしは、
常に劣等生だった。

暗黙のルールは、表現の世界にもしっかりと影を落とした。

休み時間の
お絵描きや編み物、物語や漫画を書くことが、次第に
「なんだか恥ずかしいこと」
「いつまでも子供っぽいこと」
「上手くなければ人前でやってはいけないこと」
に変わっていった。

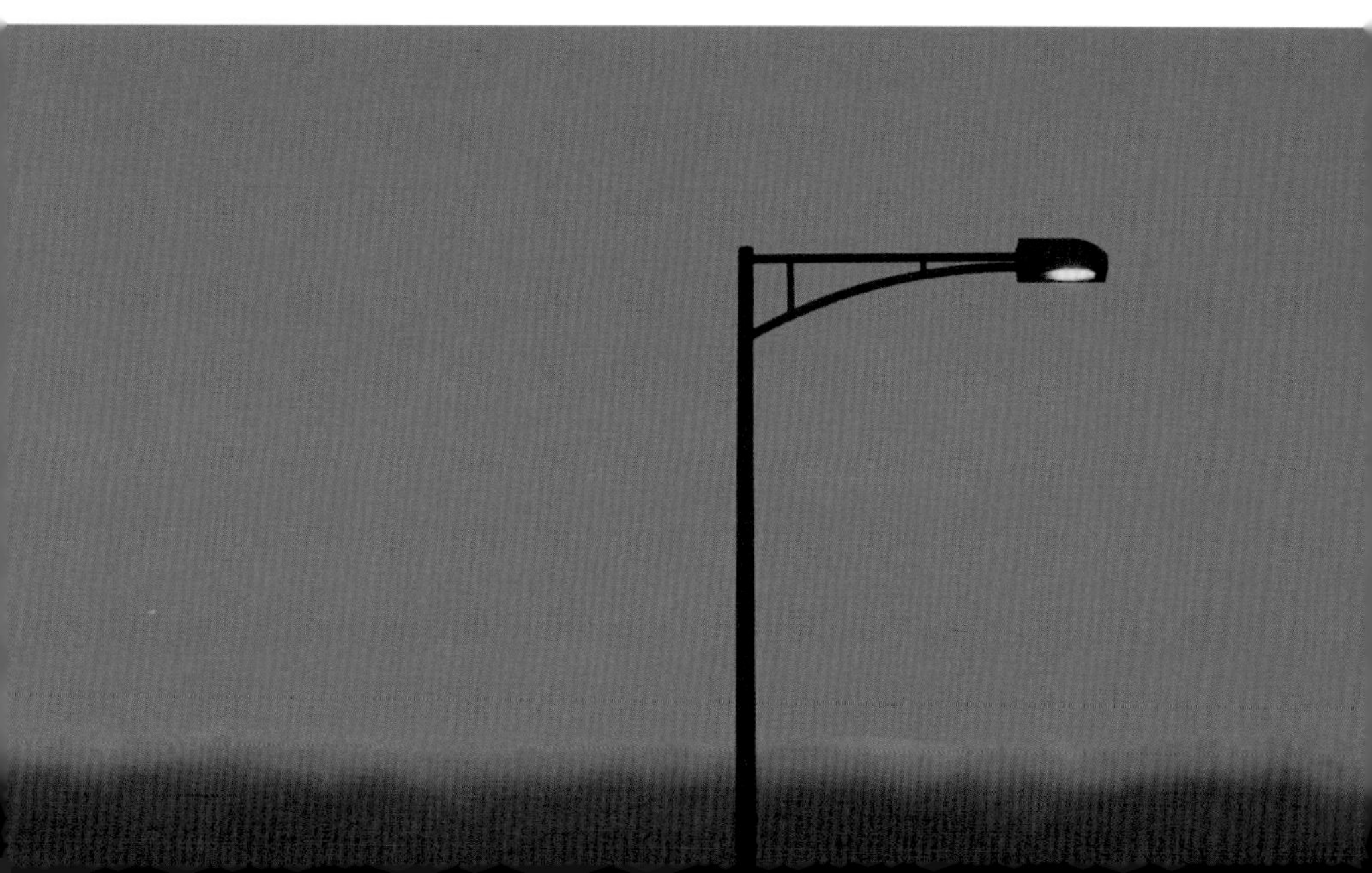

ひとり、ひとりと次第に一緒に表現を楽しむ人は少なくなり、
わたしもいつしか、自由に絵や言葉を表現することをやめていた。

社会人になり、守るべきルールが増えるたび、
わたしの中の、目には見えない、さわれない何かが死んでいく。

最初は一生懸命、その正体を探っていたけれど
次第にそれと争うことも、疑問を持つことさえも
疲れて面倒くさくなりはじめた26歳の頃。

会社を辞め、なけなしの貯金をはたいて、
わたしは10代からずっと憧れていた世界周遊の旅に出かけることにした。

その旅は「世界中を見てみたい」というポジティブな感情より、

「なんだか放っておいたらこの気持ちさえもなかったことになってしまうかも」

という、恐怖の気持ちのほうが大きかった。

GREEN-HOUSE
SIX SONGS FOR
INVISIBLE GARDENS
lock

旅の途中「あなたはどんなことをしているの？」
という質問を、色んな国の、色んな場所でされた。

「仕事を辞めて旅をしているんです。なので今は何もしてなくて」

と伝えると、決まって、

「仕事じゃないの。あなたの好きなことは何？

何をして過ごしているときが楽しいの？」

と、返ってくる。

そのたび、わたしの好きなものはなんだったのだろうと、
頭の中にもんやりと靄《もや》がかかっていて上手に答えられなかった。

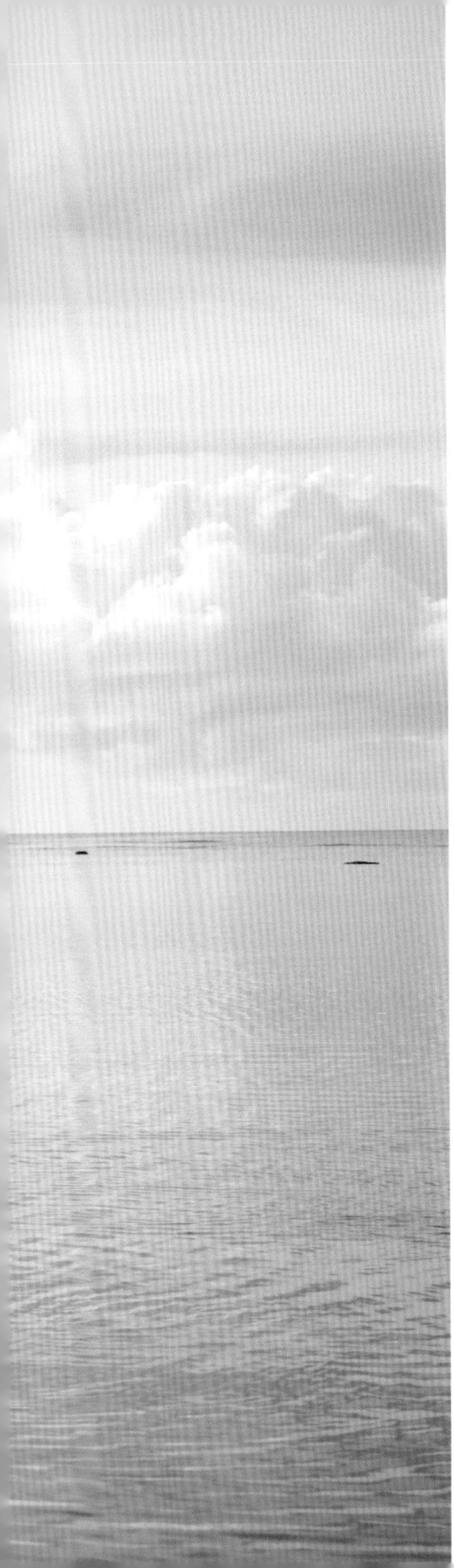

それを繰り返しているうちにわたしは理解した。

日常の中でゆっくりと、
でも確実に殺されていたものの正体は、
自分の感性や個性だったのかもしれない、と。

今わたしは、タイの北部の町・チェンマイというところに1年の半分暮らしている。

「北方のバラ」とも称される古都は、美しい山々に囲まれ、
年間を通して温暖な気候と、日本人でも馴染みやすい
味付けの料理が多い人気の観光地だ。

住みやすい場所柄のせいか、はたまた伸び伸びとした空気感のせいか。
世界中からアーティストが集まる、アート都市でもあると思う。

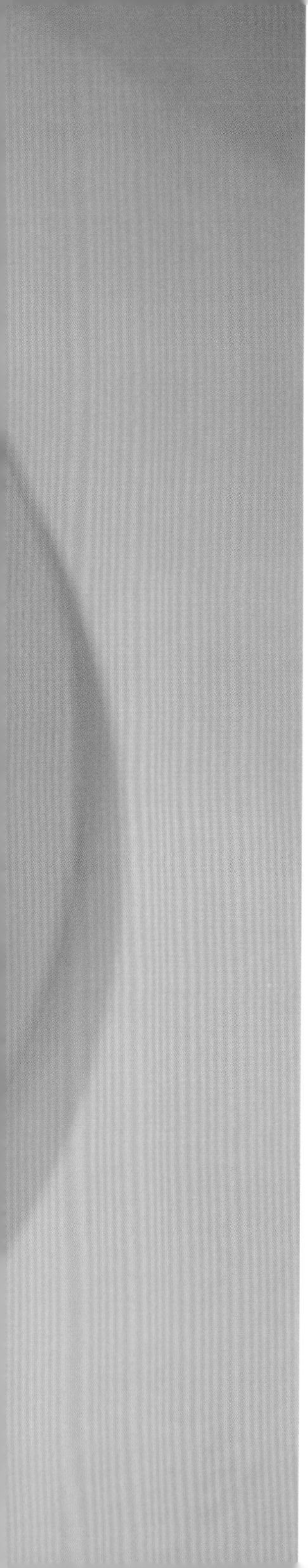

旅の途中、偶然この町に立ち寄ったときに
「わたしのふるさとはここかもしれない」と直感的に感じた。
なぜそう感じたのかまだ言語化できていないのだけれど、
わたしは今ここで遠い昔、幼少期に置き去りにしてきてしまった感性を、
少しずつ取り戻す練習をしている気がする。

ここに暮らす人々はみな、自分に素直な人たちばかりだ。
下手でも上手でも、誰かと違っていたって気にしない。
みんなそれぞれに自分のしたいことを、したいようにやっている。

わたしの家のそばには、時折ギターを弾いている老人がいる。
お世辞にも上手とは言えない音に彼は気持ちよく体を揺らし、
前を通り過ぎる人々も、その様子をあたたかく見守っている。

彼らはちゃんと、
小さな頃から自分の感性を守り信じ続けて、
それらを楽しんできたプロフェッショナルなのだと思う。

それからわたしも彼らに習って
ただやりたいときに、やりたいことを、
心の向くまま、誰に遠慮することもなく
楽しむようにしている。

朝、時折カフェで待ち合わせして
友人たちと絵を描いたり詩を詠《よ》む。
休日にギターを弾いてみたり、
湖畔でシャボン玉をして過ごしたりしている。

人によって人生の楽しみ方はそれぞれだ。
もしかしたら「感性」だの「五感」だの、
そんなものに耳を傾けなくても日々は流れていくし、
充実したものになるかもしれない。

それでも。

わたしたちの心はきっとずっと
「殺されてはいけない」と叫び続けている。

子供の頃、自由に、キラキラと輝いていた世界は、
見えにくくなってしまっただけだ。
どんなに大人になっても心の中にはちゃんとある。

それに目を向けて、きちんと手入れをして。
磨いてあげられる人がきっと
「あの人の感性、なんかいいよね」
と周りに言われながら、
豊かな人生を歩んで行けるのだと信じている。

——3章

ライフスタイルを違う角度から見つめる

25

「たそがれる時間」を
意識的に
暮らしに取り入れてみる

ただぼーっと過ごすことを、自然とできなくなったのはいつの頃からだろう。

わたしたちの頭は常に忙《せわ》しなく未来と過去を行き来し続け〝今ここ〟に立ち止まれない。

気づけば夜ごはんのことや明日の予定のことを考えながら、上の空で別の作業をしている。

特にスマートフォンが普及してから、頭の中をただ空っぽにして、今このときを楽しむことは更に難しいものになった気がする。


わたしたちは常にあたらしい情報を好きなだけ取り入れ、人と繋がることが容易な世界に生きている。便利になった一方で、情報の渦の中で自分が本当に欲しいものはなんだったのか、今すべきことはなんなのか迷子になってしまい、自分自身に目を向ける機会が極端に減った。

今ここにいる自分に目を向けることをサボると、どんどん本来の姿を忘れていく。


「たそがれる」は簡単で、だけどちょっと難しい。

世界と繋がる手段を一時的に断ち切り、目の前に広がる景色だけに目を向け、ただひたすら今を味わう時間をつくるのだ。その様子をSNSにアップするわけでもなく、何かに記録するわけでもなく、ただ目の前にあるものを味わってみる。

わたしが「たそがれ時間」をつくるときは、決まって早朝に山へ行く。

まだ辺りが暗い時間に自宅を出て、車を20分ほど走らせ山頂へ。

到着したら、お日様がやってくるのをじっと待つ。「綺麗だなあ」とか「暇だなあ」とか考えながら、頭に浮かんでくるものには逆らわず、ただそれを俯瞰《ふかん》して観察してみる。

どんなに綺麗でも、シャッターは切らない。


たそがれるときはただ目の前のことを受け止め、受け入れるだけでいい。

今ここに自分が存在していて、生きている実感を味わうこと。

そんな簡単なことができなくなっている自分に気づくことも、生き方のメンテナンスをするきっかけになるはずだ。

「たそがれる時間」を人生に取り入れ、
自分と向き合う時間を積極的につくる。

26

自分だけの特別な音楽プレイリストをつくってみる

あたらしいものを暮らしに取り入れるハードルは、
年齢を重ねるたび高くなるような気がする。
聴いたことのない音楽にふれてみる、
という比較的容易な行動を試すことから
あたらしい習慣や物と出合うことへの
敷居を下げていく。

先日、友人たちと自宅で餃子パーティーをしていたとき、「音楽のラインナップがなかなか増えない」という話題になった。確かに、イヤホンから聴こえてくる音楽が、似た音楽だらけになったのはいつの頃からだろうか。

音楽は本と一緒だ。自分の感性を刺激して、いつもの日常にあたらしい色を与えてくれる。

子供の頃は、特別意識しなくとも、知らない音楽と出合える機会が多かった。学校に行けば誰かしらが流行りの音楽のCDを持ってきていたし、わたしも周りも「なんかあたらしいものを知らないってダサいよな〜」なんて思っていたから、積極的に自分から探しに行っていた。

わたしたちの暮らしには、便利な音楽系のサブスクがあふれている。こういうサービスを活用すれば数百円で世界中の音楽とふれ合えるのに、つい面倒くさくなって、なかなか冒険をする機会が少ない。

そこで、あたらしい音楽プレイリストをつくる遊びにみんなで取り組んでみることにした。テーマを決め、これまで聴いたことのない初めましての曲を5曲以上入れること。

サブスクリプションサービスのシャッフル機能を活用したり、場合によっては「ChatGPT」のようなサービスに相談してみるのもいいかもしれない。未知との出合いは、いつだって自分を知らない世界に連れていってくれる。

この日のテーマは「朝のお散歩で流したいプレイリスト」。

自由気ままに各々プレイリストをつくってみて、交換してみる。その日のお散歩がいつもの倍楽しい体験になった。

そんなわけで、その後もプレイリストづくりにいそしんでいる。

例えばわたしは、お散歩用、執筆用、友人とのパーティー用など、場面に合わせたプレイリストをつくっているのだけれど、シーンによって音楽を変えると、そのときどきの「そうありたい自分」に近づけるような感覚がある。

場所によって、年齢によって、時間帯によって、自分に合う音楽はどんどん変わっていく。それらと向き合い、あらたな音楽を暮らしに取り入れることで、何気ない瞬間が華やぐ。

今の年齢や気分、場所によって
プレイリストを新調してみる。

27

BGM代わりに
テレビをつける習慣から
一旦離れてみる

朝の過ごし方で一日が変わる、
という言葉をよく耳にする。
大袈裟に聞こえるけれど、
あながち間違っていないと思う。
朝は心をヘルシーに保つ努力を。

朝起きてとりあえず、なんとなくテレビをつける習慣は多くの家庭にあるように思う。わたしもちいさな頃から朝ごはんとテレビはセットで存在して、目をこすりながらリビングへ向かうと、いつだってニュース番組が流れていた。

テレビは色々な情報をわたしたちに流動的に与えてくれる。けれども明るい話題と同じくらい、殺人事件や円安など、気持ちがグッと沈んでしまうような話も一緒に耳に届きやすい。

幼い頃から学校に行くのが苦手だったから、ただでさえ朝起きるのがとても憂鬱《ゆううつ》だった。何とか起き上がり向かったリビングで、どんより暗いニュースを耳にすると、なんだか早起きの誇らしさと相殺されてしまうようで、よく「テレビ、消してもいい?」と両親に聞いていた。

そこに気づいてから、朝の時間に「なんとなくテレビをつける」のをやめた。せっかく気持ちがリセットされている、大切な時間だ。BGMの代わりにテレビを選ぶなら、もっと自分が心地よくなるような、ゆったりしたクラシックでも流したい。

自然の音に身を任せて本を読んだり、オーディオブックを聴いたり、好きな音楽をかけながらのんびりコーヒーを楽しむ時間は、確実に自己肯定感を上げてくれる。感性にやさしく作用するし、多分心をヘルシーに保ったまま一日をスタートできる。

ちなみにテレビの存在自体を否定しているわけではない。わたしも、夜に放映されているバラエティ番組やドラマを観ることだってあるし、エンタメ番組からもらえる情報が役に立つことだってある。大切なのは、それを「能動的」に得ているのか、「受動的」に得ているのか、だと思う。

朝のテレビは、たいていBGMの代わりになんとなくつけられたものだったから、わたしにとってはノイズだった。大袈裟だけれど一時期はそれが苦しくて、心に負荷をかけていたと思う。

朝どうしてもニュースが観たい人は、アプリで気になる情報だけを収集するのはどうだろう。新聞で気になるページだけを読んでみるのもいいかもしれないし、そうすると案外、自分に必要な情報はそこまで多くないことに気づくはずだ。

一日を始める大切な朝時間。過ごし方を一度見直してみてほしい。

情報を「受動的」に得ているのか、
「能動的」に得ているのか意識する。

28

電気を消して ろうそくの光で過ごしてみる

便利になりすぎてしまった夜を、
あえて不自由に過ごしてみる。
静かな夜が連れてきてくれるものは多い。
ゆるんだ心は、色んな事実やアイデアを
素直に受け入れられるようになる。

日本に電気が通ったのは世界と比べると、随分と遅いタイミングだったらしい。日本で初めての電気事業者の開業は1886年、家庭への送電が開始したのは1887年と、いずれも比較的最近のこと。夜を明るく過ごせるようになって、わたしたちの暮らしは随分便利になった。

それまで人々は、暗い夜をろうそくと共に過ごしていた。

ろうそくの光がゆらゆら揺れる様子は、わたしたちの心を安心させる。あの独特のゆらめきは「1／fゆらぎ」と名前がついていて、人の心を癒やしたり、安心させるような役割があるのだそうだ。海で波が寄せては返すリズムもそれにあたる。

心がゆるむと、色んな事実やアイデアを素直に受け入れられるようになる。今の暮らしから電気をなくすことは難しい。なのでわたしは月に一度くらいの頻度でキャンドルナイトを楽しむことにしている。揺れる光を眺めながら、自分自身と対話したり、昔書いたノートを読んだり、読書にいそしんだりする。

お風呂の時間をキャンドルナイトにするのも良い。お風呂は余計なノイズが少ない分、自分自身と向き合うハードルが低い（ちなみに、ろうそくとキャンドルの違いは、主に原材料と製造方法。その違いにこだわるのもおもしろいけれど、今回はその趣旨ではないので割愛する）。

キャンドルは高価なものでなくてもいい。その代わり、なるべく自分の好みに近い香りのものやブランドを知っておく。そうすると気持ちをリセットしたくなったときに、迷わずすぐ生活に迎えいれることができる。また、「ついその習慣を忘れてしまう」という人は、毎月何日はキャンドルナイトの日、と自分ルールをつくってカレンダーや手帳に書き入れてしまうのもおすすめだ。

ゆらめく光を見つめながら過ごす、少し不自由な夜の時間は、いつもの日常に、特別な時間を連れてきてくれる。

便利になりすぎてしまった夜を、
あえて不自由に過ごしてみる。

29

心が動かないものを家の外へとことん追い出してみる

「自宅を育てる」ことは
同時に自分自身の
心や感性を育てること。

この本を読んでくれている人は、この項を読み終わったら一度、部屋の中を見渡してみてほしい。毎日過ごしている部屋の中に、自分の感性が喜ぶような「一緒にいて心地よいアイテム」と「なんとなく迎え入れたけれど、そんなにときめかないアイテム」はどれくらいあるだろう。

自宅を育ててあげるのはすごく難しい。毎日のように暮らしているからこそ、最初は「なんとなく迎えてしまったもの」も次第に見慣れて、気にならなくなってくる。

生活必需品はもちろん、雑貨屋さんで見つけて衝動的に購入したもの、昔からなんとなくそこにあるものなど、部屋の中は、思いのほか色々なものであふれかえっている。自宅は「自分の感性で選ばれたものたちの集積所」だ。

以前わたしが暮らしていた部屋も「とりあえず」で迎えてしまったものがあふれ、せっかく帰ってきても、部屋に入ると何だか途端に疲れてしまってエネルギーを吸い取られるばかりだった。ちなみに資質診断として有名な「クリフトンストレングス」の結果では1番が〈収集心〉だった。とにかく物をコレクションしてしまう体質なのだ。

そこでわたしは、まずは超がつくほどの「スーパー断捨離大会」を開催した。最悪、暮らしそのものが不便になることも覚悟の上で、手持ちの荷物の中で「心が動かない」と感じたものをほぼ全部手放してみた。

「誰々からもらった大切なものだから」「旅先で出合った思い出のものだから」というストーリーは、記憶の中にだけ大事に残し、もし目に入ったときにワクワクしなければ素直に手放す。本当に自分が好きだと思えるもの、愛おしいと感じるものだけを残して暮らしをやり直すことにした。

最初は心が動く・動かないの感覚がなかなか摑めないかもしれない。けれど繰り返し自分に「これが部屋の中にあって毎日目が合う場合、自分は幸せかどうか」を問い続けていると、だんだんと見えてくる。それでも「心は動かないけど、どうしてもすぐには手放せないもの」に関しては、1年以内に手放すことを心に決めて一旦保留にしてもいい。

大切なのは、何に心が動いて動かないのかを知ること。そして心が動くものだけに囲まれた暮らしの心地よさを肌で実感することだ。何年かかってもかまわない。自宅を感性を健やかに育てる場所として扱えると、きっと今までよりも自分という人間を理解できるようになる。

心が動かないものは一旦とことん手放してみる。
今すぐなくなると困るものは1年間だけ保留。

30

二度寝をやめてみる

昔から、夜の時間は妙にわくわくしてしまう。ダラダラ遅くまで居酒屋で喋ったり、布団の中でアニメを観たり漫画を読んだりするのが好きだった。深夜2時頃に眠りに落ち、10時頃に起きる。

夜型人間の良くないところは、当たり前だが朝早く起きられない。二度寝、三度寝をいつまでもしつこく貪り、ぼんやりした頭になんとか活を入れ布団から這《は》い出る。日中もそのままなんとなくモヤッとした頭で過ごし、夕方頃に覚醒する。その結果、失った時間を取り戻そうとまたダラダラと長い夜を過ごしてしまう。

夜更かしは楽しい。けれど引き換えに日中失っているものと比べて、本当にそんなに大きな価値があるのか、ふと疑問が湧いた。夜は心躍るけれど、生産性は決して高くない。眠い頭で考えごとをしてしまったり、普段は気にならない芸能人のスキャンダルを永遠に検索し始めたりする。その時間は本当に、二度寝をしたことで失っている朝の時間より大切なものなのか改めて考えた。

とはいえ、年季の入った夜型人間が朝型になるのは簡単ではない。

なのでまず「就寝時間を早くする」のではなく「何時に寝ても朝一定の時間で起きること」から始めた。早寝できてもできなくても関係ない。とにかく決まった時間に起きるのだ。

そうすると、3日目あたりから自然と夜起きていられなくなる。結果、早く眠れるようになる。

目が覚めたら、まず布団から立ち上がる。カーテンを開け、その足でモーツァルトのクラシック音楽をかける。この流れを一連の習慣にし、二度寝をする隙を与えないよう工夫している。それでもやっぱり二度寝をしてしまいそうなときは、思い切って散歩に出かけてみるのもおすすめだ。

そうして徐々に得られるようになった朝時間は、一日の濃度や過ごし方をがらりと変えてくれた。自己肯定感を上げてくれたり、思考をクリアにしてくれる。何より朝の時間は清々しく、静かだ。夜と違って創作意欲も湧く。

夜更かし歴二十余年のわたしでも、現在変わらず、朝なんとか早起きを続けている。日々の感性を豊かに保つ意味でも、この習慣をキープし続けたい。

二度寝や夜更かしをやめてみる。
「何時に寝ても朝一定の時間で起きること」から始めてみる。

31

三食必ず食べる義務をやめてみる

美味しいもの、食べたいものが
あふれる世の中。
「もっと大きな胃袋があったらいいのに！」
と思うことも多々。
けれど、自分の心ではなく
体に耳を傾けてみる練習を。

人間が三食、食べるようになったのは江戸時代から、という話を友達に聞いた。江戸時代初期以前、人々は一日二食、朝晩の食事が当たり前だったそうだ。諸説あるとは思うが、暮らしや食文化が豊かになっていく過程で夜の活動時間が延び、それに比例して食事回数も多くなっていったのだとか。

確かに三食食事を取ることは、バランスが良いのかもしれない。けれどわたしはときどき「お腹《なか》が空いていないけれどお昼だから」とか「暗くなってきたからそろそろ夕飯を」とか、自分の体調よりも義務を優先してしまうときがある。

特に昼食後、どうしようもなく眠くなったり、集中力を欠いたりすることが多くて、PCの前で気絶するように眠ってしまい永遠に「Z」を押し続ける……みたいなこともよくある。

人によって、多分「ちょうど良い食事回数」がある。それは年齢や環境によっても都度変わるかもしれない。色々とトライをしてみたところ、現在のわたしは早めのお昼と早めの夜ごはん、一日二食生活がちょうど良い。今まで12時になったらお昼を食べていたのだけれど、「お腹が空いたな」と思ったタイミングで食べるようになり、大体10時半頃に落ち着いた。

するとあんなに眠かった昼食後が改善された。もちろん仕事が捗《はかど》るようになったし、これがわたしの体には合っているバランスなのだと感じている。

もちろん、一日三食のままがいい人もいるだろうし、一日一食が実はちょうど良い人もいる。誰かに誘われて、予定外の時間に昼食や夕飯を取る機会もあるかもしれない。

だけれど自分にとってちょうど良い食と睡眠の量を知っておく。そうすると最大のパフォーマンスを発揮したいとき、味方になってくれる。

今まで「なんとなく食べ」が多かった人は、自分の心や義務ではなく、一度食事について体と対話して色々試してみるのはどうだろうか。

三食ぜったいに食べなければいけない、という呪縛に疑問を持って接してみる。

32

ただ目の前の食事を味わうことに集中してみる

以前とある執筆のお仕事で、諏訪綾子《すわあやこ》さんにインタビューさせていただいたことがある。彼女は食による表現活動を行っているアーティストで、彼女の生み出す料理は見た目だけではどんな食材が使われているのか、どんな味がするのか全く想像できない。

「多くの人は舌ではなく、脳みそで料理を食べている」。諏訪さんは、インタビューのときにこんなことを教えてくれた。わたしたちは一度食べたことのある料理に対して、口に入れる前に味のイメージが頭の中にある程度できてしまう。例えばオムライスを目の前にすると、まだ食べていないのに脳が「きっとこんな味だろう」と先回りしてしまうのだ。結果、わたしたちの味覚はその食べ物を味わうことをサボってしまう。

それを繰り返していくと、味覚がだんだんと鈍っていく。だからこそ諏訪さんは口に運び、味覚に100%集中しなければ味わえない「見た目だけでは何だかわからない料理」を提供し、わたしたちの感覚を呼び覚ましてくれる。

わたしたちの暮らしの中でも、同じような擬似体験ができる。スマホやテレビの電源を切り、口の中に入れたものに全力で意識を向けてみる。食べ慣れたごはんでも、広がる香りや歯ざわり、吸い付くような歯ごたえ、噛むたびに増える甘みなどに気持ちを全部向け、喉を通っていく感覚だとか、食道を通過していく食べ物に集中してみる。

普段より2倍も3倍も時間がかかるけれど、その分、味覚をフルに使う新鮮さを楽しむことができると思う。

味覚に限らず、わたしたちは常に五感を駆使して生きている。けれども、日々の暮らしに慣れるほど、その五感を気にかけることは少なくなっていく。改めて、日々の暮らしの中で自分の五感に意識を向けてみる。きっと今まで見つからなかったものと出合えるはずだ。

食事を口に入れて自分の中を通過していく感覚に意識を全部向けてみる。

33

土のぬくもりを足の裏で感じてみる

夏が好きな理由のひとつに「裸足《はだし》に近い形でずっと過ごせること」がある。薄手のワンピースを纏って、風通しの良いサンダルを突っかけてすぐに外へ出かけられる。そんな身軽さが非常に心地よい。だから逆にその他の季節は靴下を履かねばならないので、窮屈に感じる。おそらくそれは自由を阻害されている感覚になるからだ。家の中にいるときは、よっぽど寒い時期でもない限り季節関係なくほぼ素足で過ごすようにしている。

今暮らしているタイ・チェンマイは年間を通して気温が高いので、家で靴下を履くことは少ない。町中に開放的で気持ちの良いテラス付きのカフェが幾つもある。みんな蚊に刺されるかどうかなんか気にせず、靴を脱ぎ捨て裸足で寝っ転がり、コーヒータイムを堪能している。

素足で過ごしてみると、足元から伝わる様々な感触やぬくもりを強く意識する。冷たさ、熱さ、ザラザラ、ツルツル、ゴツゴツ……。そもそも何にも妨害されず、裸足で地面に立つ機会は大人になるとぐっと減る。靴を脱ぎ捨てると、地球が、地面がくれるギフトを純粋に味わうことができる。

日本で過ごしていると、なかなか外で裸足になることは難しいかもしれない。なんたって公共の場はひと目が気になる。それでもせめて、例えば海や公園に出向いて裸足で過ごす時間を取り入れてみるのはどうだろう。

特にわたしは、どこか心に窮屈さを感じたときに、そんな時間を増やすようにしている。閉じてしまっていた五感が、するするほどける感覚が得られる。

きっと300年も昔に遡《さかのぼ》れば、人は「裸足に草履」というスタイルで町を歩いていたはずだ。それが五感を豊かにするためだったわけではないだろうけど、少なくとも人間はもっと自然や地球と近いところで暮らしながら、たくさんの感覚を受け取っていたはずだ。

靴を脱ぎ捨ててフラットな状態に戻ってみる。そういう贅沢な時間をわざわざ摑みにいける心の余裕を持って生きていきたい。

裸足で過ごしてみる機会を増やしてみる。
地面からもらえるギフトを心ゆくまま味わってみる。

34

たまに他の暮らしを試着してみる

居心地のよい自分の部屋を離れるのは、
ちょっとしたストレスかもしれない。
それでも、ときに違う暮らしを試着してみることで、
これまで気づけなかったこと、
見落としていたことなどに
気づきを得ることができる。

特定の場所に腰を落ち着ける前まで、わたしは日本や世界のあちらこちらを飛び回りながら暮らしていた。その後土地を選んで二拠点生活をするようになったのだけれど、当時固定の部屋を借りず、暮らしのサブスクリプションサービス「unito」や「ADDress」などを活用していた。

これらのサービスは、居住用の空間を一定の期間だけ借りることができるもので、わたしのように色んな土地を「試住」したい人間にとっては救いになってくれている。ホテルではなく暮らすことに特化しているため、ハンガーが多めに用意されていたり、洗濯機やキッチンも部屋に含まれていたりするケースが多い。土地によっては「airbnb」より安価に済んだりする。

気になる服をフィッティングするように暮らす場所を変えてみる。それはわたしのような二拠点生活者だけではなく、全ての人が平等に楽しむことができる試みだと思う。

宿泊場所を変えて旅をするのではなく、いつもと同じ暮らしを営みながら住む場所だけを変える。すると、出退勤の風景ですら異なるものになり、当たり前の日々にも彩りが添えられるのではないかと思うのだ。ときには不便だって生じるかもしれないけれど、それこそ、変化ゆえに知った感情。まるごと楽しんでみてほしい。

期間は1週間だけでもいい。自分の家がある同じ地域でもいいし、職場に近い場所でもいい。

気心が知れている友人と数日間だけ家を交換してみても良いかもしれない。

「暮らしの試着」は刺激的だ。

色々な部屋を転々としながら暮らしてみたところ、今までは住んだことのない都内に暮らす機会を得たり、自分では選ばないインテリアとも出合うことができて、数多くの発見があった。今まで知らなかった街に、馴染みのカフェなんかができるのも暮らしを試着する利点だ。

案外、いつも過ごしている家より「居心地がいい」と思うかもしれないし、帰宅したらすぐさま模様替えを始めたくなるかもしれないし、自分の部屋を愛し直すきっかけになるかもしれない。ちょっとした引越し気分で、存分に満喫してみてほしい。

服に袖を通すように暮らしを試着してみる。

――4章

人間関係にスパイスを加える

35

なんでも「YES」と言うのをやめてみる

誰かのお願いや誘いを断るのは、
勇気がいる。
それでも、いつもの仮面を脱いでみた先にある世界は、
想像よりも、心地よい場所かもしれない。

誰だって人から嫌われるのは怖い。できれば好きでいてもらいたいし、争いたくない。子供の頃、学校のルールを守ることや、周りの空気を読んで行動することが大層苦手だったわたしは、先生に当然好かれていなかったし(一度それを面と向かって言われたこともあった)、クラスの同級生からも距離を置かれがちだった。

「人と違う行動をとると嫌われてしまう」

そんな幼少期の体験は、わたしを随分と臆病にし、それ以降「人からどう思われるのか」を強く意識して生きるようになった。20代中頃まで、次誘われなくなることが怖くて、気乗りしない飲み会にも笑顔を振りまいて参加したり、具合が多少すぐれなくても友人との約束を守ったりしていた。

そこから、旅をしながら暮らすようになり、色々な国の人と話すようになって驚いた。彼らの多くはたいてい自分の意志をきちんと主張する。そこに「断ったら嫌われるかも」だなんて考えは多分存在していない。というか、「嫌われたからといって、そこは自分のコントロールできる範囲ではない」という考え方なのかもしれない。つまらなかったら帰るし、美味しくないものは「美味しくない」ときちんと主張する。ときにはぶつかることもあるけれど、それらのはっきりした主張がその人らしさを形づくっていて、素敵に見えた。

それに気づいてから、ちいさな勇気を振り絞り、子供の頃のように、心のまま行動することが増えた。行きたくない飲み会に無理やり参加することはなくなったし、心を殺してまで嫌な頼みを引き受けないようにもなった。そんなわたしを「大人気ない」と見る人もいるかもしれない。でも、いいのだ。それで減る人間関係がもしあるなら、そもそも自分には必要ないものだったのだと、割り切るのも上手くなった。

わたしたちはもうちいさな子供じゃない。自分の居場所は自分で選べる。自分の心の声すら見えなくなるような生き方を続けた先に、望んだ幸せや出会いは多分ない。

言いたくもない「ＹＥＳ」を無理やり絞り出すのは、今日でおしまい。だって人生は一度きりなのだから。

心が同意していない状態で「ＹＥＳ」と言うのをやめてみる。
それでなくなる人間関係は、きっとそもそも長く続かない。

36

とりあえず「YES」と言う日をつくってみる

大人になればなるほど、
自分の好き嫌いに敏感になっていく。
これはチャンスかもしれないと思っても、
足を踏み出すのが怖いときもある。
その背中をそっと押してくれるのが、
YESの魔法だ。

「なんにでも『ＹＥＳ』と言うのをやめてみる」とは対照的に、ここでは「とりあえず『ＹＥＳ』と言う日をつくってみる」についてお話ししておきたい。

さっき「ＹＥＳ」と言うのをやめる話をしたばかりなのに、裏切られた！　と思った方がいたらごめんなさい。ここで使う「ＹＥＳ」は、自分の希望に嘘をついて発言するものではなく、未知との遭遇を目指すものとして意図的に用いたい。

２００８年に公開されたコメディ映画『イエスマン〝ＹＥＳ〟は人生のパスワード』。主人公、カールは後ろ向きで「ＮＯ」を口癖にしている人だった。ひょんなことから彼はなんにでもＹＥＳと言うようになり、人生が好転していく、というストーリーだ。

カールのように毎日ＹＥＳを繰り返すのは難しい。けれど数日だけ、１週間だけ試してみるのはどうだろうか。１週間だとなかなかイベントが起きない人は、思い切って１ヶ月でもいい。

わたしも期間を決めて「イエスマン」になる遊びをしている。だいたい期間は１週間。その間に誘われたものには、間髪入れず、感情度外視でどんなに忙しくてもＹＥＳと言うルールで実践している。

語学留学中に試したときは、英語を話すことが苦手なのに隣のクラスの子から映画やお茶に誘われ、快諾。普段だったら、どうにか理由をつけて断っていたけれど、ルールなので仕方ない。

出かけるまでそれはそれは憂鬱だった。お腹が痛くなるくらい。集合した後も緊張で気持ちは上がらず、けれどそれがキッカケで、他の国の人と出かけるハードルがぐっと下がった。きっとこのイエスマンの遊びがなければ、なかなか越えられない壁だったと思う。その友人からは「来てくれないと思っていたから、すごく嬉しい。ありがとう」だなんて、感謝までされてしまった。感謝を伝えたいのは、むしろわたしのほうなのに。

「とにかくYESと言う」は誰でも真似できるシンプルなルールだ。この決まりごとは、普段思いもしない場所に自分を連れていってくれる。あたらしい人と出会える頻度も劇的に上がる。

自分の未来をちょっとだけ変えてくれるかもしれない「YES」という魔法。どうか楽しんで使ってみてほしい。

好き嫌いを考える前に
「YES」と言ってみる。

37

まずは他人を「褒めてみる」コミュニケーションをとる癖をつける

わたしたち日本人は
謙虚さを美徳とする国民性だ。
褒められたときも
「いやいや、でもわたしなんて……」と
過剰に謙遜してしまう人が多い。
しかし、“あえて褒めること”は
自分にも相手にも、
プラスのエネルギーを運んできてくれる。

誰かの間違いを指摘することはできるのに、前向きな言葉をかけてあげるのが苦手な人が結構いる。

特別なシーン……例えば結婚式のような場所で「綺麗だね」と言葉をかけることはできても、日常生活の中で「今日の髪型可愛いね」のような〝カジュアルな褒め〟をなかなか投げかけることができない。

そういう人は多分「誰かを褒めるのが恥ずかしい」というよりは、そもそも「他人をどう褒めていいのかわからない」のだ。

タイで暮らすようになり、友人等とのコミュニケーションは基本英語になった。

わたしも相手も第二言語のため、お互い少ないボキャブラリーの中から必死に会話の種を探す。その結果自然と相手を褒めたり、褒められたりする機会がぐっと増えた。

人は褒められるとドーパミンと呼ばれる、快感のホルモンが放出されるようになっている。褒めたほうも、褒められたほうも、科学的に基本、幸せになれる。

「他人をどう褒めていいのかわからない」と戸惑う人は、まずは相手に全神経を集中させ、頭の先からつま先までじっくり観察してみる。すると普段何気なく接しているときには気づけない些細な変化がたくさん目につくようになる。

観察することに慣れてきたら、今度は相手を褒めてみる。おすすめは「今日会ったらまずひとつ相手の素敵なところを見つけて伝えよう」とミッションにしてしまうこと。ゲーム感覚でやっているうちに、きっと褒めることに徐々に慣れてくる。目の前の相手をよく見つめて、良いところを探すのは、自分の心を養うトレーニングにもなるし、相手も自分の素敵なことをひとつ、お返しに伝えてくれたりする。

〝褒めるスキル〟は難しい。けれど頑張って習得することできっと相手にも自分にも、必ずプラスのエネルギーを与えてくれる。

相手に全神経を集中させ、じっくり観察してみる。
普段気づけない些細な変化がたくさん目につくようになる。

38

仲の良い友人と「お互いの素敵なところ」を10個書いて交換する

親しくなればなるほど、お互いを純粋に褒める行為が恥ずかしくなるのは、わたしだけだろうか。改めて相手に褒められると茶化したくなってしまうし、逆に相手のいいところをわざわざ言葉にするのは、くすぐったく感じてしまう。

それでも、できれば人を褒めたいし、褒められたい。さらっと誰かを褒められる人は素敵に見えるし、良好な人間関係を運ぶのも、この褒めスキルだと思う。

日常の中で褒め合うことは難しいので、わたしはときどき友人と「お互いの素敵なところ」を10個書いて交換をしている。対面だと緊張するので、LINEや手紙を使って開催する。これはもちろん、人を褒める際のボキャブラリーを増やしたり、言語化するトレーニングに繋がるけれど、一番の効果は「自分の肯定感が上がる」ことにあると思う。

ふたりでやっても、複数人でやってもいい。大人数でやる場合は、その人数分だけ用意する。6人だったら6人分だ。大体ひとつめ、ふたつめあたりはどの友人も似たようなことを書いてくれる。6個目あたりから「おお、こんなこと思ってくれてるんだ」と驚いたり、最後のほうになると「なんとか振り絞ったな」と思うものも出てきて笑ってしまう。

以前実施したときに、わたしが複数の友人からもらったのは「大人数と気さくに話せるところ」

という褒め言葉。当時大人数でのコミュニケーションに苦手意識を持っていたので「外からだとこう見えるんだ」とちょっとホッとした。以来、話すことが少し億劫ではなくなった。ほかにも、「ゼロからイチをつくるのが上手い」とか「場の雰囲気をくだけさせるコミュニケーションが得意」だとか、自己評価と他己評価が随分離れていたりもして、意外な気づきや喜びをもらえることもある。

感性を育てるのは自分自身にほかならないけれど、それを自覚させてくれるのはいつも周囲の人たちだと思う。周りの声が、より自分らしさを形づくってくれる。だからなるべく他人に手伝ってもらいながら、自分を見つめる機会を得たい。

もし勇気があれば「自分のよくないところ」も合わせて10個出してもらうと、もっと気づきが増える。それは自分の心の健康状態と相談しながら、ぜひ。

手紙やLINEでお互いの好きなところを言語化してみる。
自己肯定感が育ったり、あらたな自分を見つけられたりする。

39

他人の言葉や流行よりも、自分の本能や直感を信じてみる

他人に振り回されず、
自分を持ち続けること。
言葉にすると簡単だけれど、
自分のものさしを信じて守るには、
ちょっとしたコツがいる。

ＳＮＳが発達しわたしたちの耳には常に、良くも悪くも他人の声が届きやすくなった。インフルエンサーのおすすめするものや、ショップや雑誌の「これが今流行っている」は日々あふれているし、いいねや好きが数値化されているとつい、これは良いものかもしれない！　正しい情報かもしれない！　とマインド操作されやすい。

ときには、他人に対して自分のものさしを振りかざし「これが正しいのだ！」と大きな声を出す人もいる。もちろん、価値観は多様なのだけれど、そういう人の声ばかりを聴き続けて生きていると、本当の自分が何を良しとするのか、迷子に陥りやすい。

わたし自身「この意見は正しいのだ」と大多数が同意している事柄を目にすると、なんだか同調できない自分がおかしいような気持ちになってくることがよくある。

他人の価値観はときに自分を成長させてくれる。けれど過ぎれば自分の感性を鈍らせる。ただ、大きな声や、あふれる情報をシャットダウンするのは難しい。

だからこそ、まず「自分の心の声に耳を傾ける」を第一優先する癖をつけておく。

そしてその声は、多くの場合正しいのだ、ということも頭に置いておく。

もしＳＮＳで流れてきた誰かの意見に対して少しでも違和感を持つことがあったのなら、その違和感を捨て去る必要はない。「〇〇さんがこう言っているのだから、おかしいはずがない」と心の声を無視しなくて良い。

なぜ違和感を持ったのかと上手く言語化できないときはノートに書き出してみる。「〝なぜ〟を3回繰り返すと本質が見えてくる」とよく聞くけれど、それでも見えないときは気の済むまで何度もなぜ？　を繰り返してみる。そうして見えてきた違和感の答えは、きっとこれから何かを判断するときに力を貸してくれるし、宝物になるはずだ。

違和感に蓋をしない。自分の心を信頼してみる。最初は難しいと感じるかもしれない。それくらいに、外からの情報のエネルギーは大きい。けれど繰り返すうちにきっと自然と手に入れられるようになるはずだ。

まず「自分の心の声に耳を傾ける」を第一優先する癖をつけておく。

40

相手への嫉妬は
エネルギーに変える

「他人は他人、自分は自分」と
頭ではいくらわかっていても、
相手を羨ましいと感じてしまう心に
蓋をするのはなかなかしんどい。
嫉妬心は捉え方次第で毒にも栄養にもなる。

「他人を羨ましいと思う気持ち」は誰にもあるものだと思う。笑顔が可愛い人、肌が綺麗な人、お金持ちで豊かに暮らして見える人。何だかパッとしない自分と比べて「いいなあ」と反射的に思ってしまうし、自信をなくしてしまったりすることがある。

よく自己啓発本を読んでいると、そういった嫉妬との向き合い方について「そもそも他人を気にする必要がない。ありのままで十分だ」という説明がなされている。それをいくら頭でわかっていても感情を抑えるのは難しい。

そこで、わたしは「嫉妬しないようにする」のではなく「抱いた嫉妬心をどう扱うか」に意識を向けるようになった。具体的には、その嫉妬心をもとに「自分はなぜその人に嫉妬したのか」の自己分析と「この嫉妬は本当に正しい嫉妬か」を思考する。

ひとつ目の「自分はなぜその人に嫉妬したのか」は、問題点になぜ？　を繰り返していく。例えば笑顔が可愛い人に嫉妬したのであれば「首を少し傾けている仕草がぐっとくるのかも」「目を細めて笑う仕草が可愛く見えるのかも」と、何か自分に取り入れられる点はないか分析していく。

ふたつ目の「この嫉妬は本当に正しい嫉妬か」は、その人の裏側の努力をまるっと含めて、羨ましいと感じるか思考する。例えば「肌が綺麗な人」は裏で油分の多い食べ物やお菓子を我慢しているかもしれない。どこに出かけるときも日傘を持たねば外に出られないのかもしれない。そういう裏側も含めて自分は「本当に羨ましいのか」を思考する。

嫉妬心は、決して心にとって良いものではない。けれどまっすぐに受け止めれば、大きなエネルギーに変換できる。

漠然とする嫉妬は苦しいものだけれど、自分を見つめるための嫉妬は、決して毒ではない。少なくともわたしは、ポジティブに活用していきたいと思っている。

漠然と嫉妬を抱くのは苦しい。
自己分析する機会と捉えて大いに活用する。

41

5～10年単位で、しばらく連絡をとってない人と出会い直してみる

大人になると、子供の頃考えていたことや
夢中でつくったものを忘れ去ってしまう。
だけれどそういうものを、
誰かが大事に保管してくれていたりする。
昔の自分をよく知る人に会いに行くことは、
自分自身をもう一度よく知ることに繋がる。

学生時代に仲良くしていたけれど、いつの間にか全然会わなくなった人。前職では毎日顔を合わせていたのに、最近はSNSで近況を知るだけの人。

誰しもそういった人間関係のひとつ、ふたつはあると思う。そういう「うっかり縁遠くなってしまった人たち」と久方ぶりに連絡を取りあい、ごはんやお茶をしてみると、当時とは全く違う刺激をもらえることがある。

例えば学生時代の友人に連絡をとってみると、社会に出てバリバリ活躍していることが珍しくないし、社会人になってからの友人でも、転職をして別の世界で生きている人も多い。そういう人たちとは初めましての人よりもフランクに、だけれど同じくらいの濃度で有意義な時間を過ごすことができる。

少し前、中学生のとき同じクラスだった友人のことをふと思い出し連絡をした。すると彼女は、思い出話の種になるだろうからと、当時わたしが授業の一環で制作した詩集を持ってきてくれたのだ。中学生だった頃のわたしは、50ページにわたる自作の詩集を、わざわざ印刷してその子にあげたらしい。当の本人は全くそのことを覚えていなかったけれど。

「今は文章を書いたり写真を撮る仕事をしている」と話すわたしに対して、彼女は「変わっていないんだね」と、柔らかく微笑《ほほえ》んだ。

旧友に会うことは、自分の知らない自分に出会えるという、不思議な体験だ。自分自身ですら覚えていないようなエピソードも、友人が大事に覚えていてくれたりする。忘れ去りたいはずの黒歴史を掘り起こされることもあるかもしれないけれど、昔抱いていた純粋な感情に、改めて思いを馳せる機会にもなる。

「最近人との出会いが少なくなっているな」と感じることがあって、けれども、なかなかゼロから知り合いをつくるのは疲れてしまう。そんなときこそ旧友の出番。

この項を読んでいて、頭に浮かんだ人がきっと何人かいたはずだ。過去の自分を知ってくれている彼らがもたらしてくれる気づきは、きっと思っているよりも大きいものだ。思い切って連絡してみてほしい。

旧友や前職の同期に連絡をして、会ってみる。
自分自身も忘れてしまっている感性の欠片を連れてきてくれたりする。

42

違う世代の人と、インタビューをするつもりでお茶をする

あたらしい価値観を運んできてくれるのは、
いつだってあたらしい体験と人間だと思う。
ときには大人になって固定化されてしまった
心地よい人間関係から抜け出して、
意識的に壊しに行く体験を。

ある程度の大人になると、良くも悪くも人間関係が固定化する。似た価値観の友人や同世代とばかり遊ぶことが増え、意識的に行動しない限り、自然とあたらしい人と出会う機会が減っていってしまう。気心の知れた相手といるのは心地よい。だけれどそればかりでは、どうしても視野が狭まってしまう。

10代で抱えていた悩みと、20代で抱えていた迷いなんて随分異なるし、30代で考えていることはさらに変わっている。自分という同じ人間ですら別人と思える程に変わるのだから、これが違う世代の他人ともなればもはや、理解不能だ。

だからわたしは、世代の違う人と積極的に、定期的に会う機会を設けている。

別世代の人と過ごす時間は、あたらしいアイデアやクリエイティブの宝庫だと思う。

周りで流行っているものを聞いてみたり、最近、楽しかったことを話してもらったり。その世代から見た今の自分たちの世代がどう見えているかなど、ただ世間話をするのではなく、できれば自分がインタビュアーとして徹底的に話を深掘りするのが、最大限楽しむためのポイントだ。

そして世代の違う相手と出会うにはまずは自分自身が動かなければならない。地域の集まりに顔を出してみたり、よく行くコワーキングスペースを変えてみたり、イベントに参加してみてもいい。少しでも気になるものがあれば、積極的に顔を出してみてほしい。

ときには人生の先輩、後輩たちに、わたし自身が抱えている悩みを相談して、その回答をもらうことも。世代が異なる人にとっては、こちらの脳内を席巻しているその悩みさえ「大したことない」と解決してくれたりもする。

別世代と過ごす時間は、
あたらしいクリエイティブのヒントがたくさん。

43

なんでもない日に友人や家族のプレゼントを選んでみる

「なんでもない日」を特別な日にするのは
そんなに難しいことじゃない。
久々に誰かと会う日、わざわざ理由をつけて
何かひとつ贈り物を選んでみる。
プレゼントは、相手のためではなく、
自分のためにする。

何がキッカケになるかはそのときどきで変わるけれど、突然誰かにプレゼントを渡したくなるときがある。自分に嬉しいことがあったり、逆に嫌なことがあると、そういうポジティブなエネルギーに変換したくなるのかもしれない。

プレゼントは難しい。この世の中に無限にあるギフトの中から、相手の趣味や年齢などを加味して「喜んでもらえたらいいな」と思って贈っても、てんで的外れだったりもする。反対にそれを怖がって選んでしまうと、Amazon のギフトカードとかスターバックスのカードとか、無難なものに落ち着いてしまう。もらった側も困らないだろう。でもそれだと、あげる側の「選ぶ」という楽しみがちょっと軽減されてしまう。

だからそもそも「喜んでもらえたらいいな」という思いを捨てる。お返しが欲しいとか、恩を売りたいとか、そんなのはどうだっていいのだ。自分があげたいから受け取ってもらう。ワガママに付き合ってもらっている。そう割り切れば、相手の反応はあまり重要でなくなってくる。

金額は500~1000円くらいの、キャンドルやお菓子、フレークシールなど。受け取った相手が気軽に受け取れる予算で選ぶ。このときのポイントは「この辺をあげたら良さそう」ではなく、相手をリサーチすることから始めてほしい。

例えば相手のSNSを覗いてみる。「沖縄旅行に行きたい」と書いてあったら、海の香りがするキャンドルを渡してみても良いかもしれない。LINEを読み返してみて「最近甘いものにハマっている」なんて発言を見つけたら、今話題のお菓子をあげてみたり。「最近、乾燥が気になるんだよね」と言っていた友人には、ハンドクリームを。犬を飼っている友人には、その犬に似ているアイシングクッキーを。そんな感じだ。

そういう具合で、そのプレゼントを選んだ理由を渡すとき、ひと言「なぜこれを選んだのか」を添えられるとより一層、この遊びは楽しくなる。だいたいの場合みんな嬉しそうに受け取ってくれるが、先に述べた通り、この遊びはわたしが選ぶ時間を楽しみたいから続けている。友人たちは、わたしの遊びに付き合ってくれているので、こちらこそありがとう、という気持ちになる。

相手をリサーチして、プレゼントの遊びを仕掛けてみる。誰も傷つけず、自分の感性や贈り物スキルを上げられる方法だ。

特別でもなんでもない日にプレゼントをあげてみる。
なんとなく、ではなく相手の好みを事前にリサーチする。

44

500円で
その人に似合う花を
一輪買ってみる

5年ぶりに再会する友人とランチをする機会があった。久しぶりに会えることを楽しみに、けれどちょっと緊張しながら、少し早めに到着した集合場所で彼女を待っていた。

ほどなくして現れた友人は「久しぶり」と片手にちいさな花を持って登場した。そして「ここに来る途中で、のちちゃんに似てる花があったから連れてきてみたよ」と一輪、白くてふわふわした花を差し出してくれた。

「冬が苦手な花でね、あったかい地域で育つんだって。それがのちちゃんみたいだなって思ったの」と彼女は続ける。

立ち寄った花屋で、店員さんからお花のエピソードを聞き、その中で最もわたしに合うものを選んでくれたのだそうだ。その気持ちがなにより嬉しくて、そして、緊張していた空気が一瞬でほどけた。

以来、わたしもその友人を真似して、ふたりきり、久々に人と会う約束をするときは、集合時間よりも10分ほど早く到着し、花を買うようになった。

街や駅中にある花屋さんに立ち寄り、見た目や花言葉をもとに、このあと会う友人に似合う花を一輪選ぶ。決して長考するのではなく、直感に頼りながらスッと選ぶのがポイントだ。相手の後の予定や荷物になることを考えても、ブーケではなく一輪がちょうど良いと思う。

花は1本であれば500円くらいで買える。高価ではないけれども、その花がもたらしてくれる喜びには金額以上の価値があると思う。なにより「花を買う」という行為自体、なんだか心を華やかに、優しくしてくれる。

コンビニに立ち寄る代わりに。同じお金でぜひ、花が連れてきてくれるコミュニケーションを楽しんでみてほしい。

ワンコインでその人に似合いそうな花を選んでみる。
荷物にならないように、一輪がおすすめ。

5章

旅へ出向いてみる

45

近場へ「ちいさなひとり旅」に出かけてみる

旅はいつでも、
あたらしい出会いや考え方を
連れてきてくれる。
しょっちゅう大きな旅に
出かけられない人は、
暮らしにちいさなひとり旅を。

「旅」と聞くと、大きなバッグを背負って出かけるものや、スーツケースに丁寧にパッキングをする、遠方へ出かけるものをつい想像する。けれど、本当は旅はもっと身近で、気軽な存在で良いと思う。

あたらしい体験や場所は、あたらしい感性の扉を開いてくれる。遠くへ行く時間はないけれど、日常と離れたいとき。わたしは決まって「ちいさなひとり旅」を決行する。このひとり旅は、〝旅〟と名前がついているけれど、遠くに出かけるのではない。行き先はあくまで近場で、なんなら暮らしている町の中でさえある。

いつもの町で、あえて宿を予約してみる。期間は1泊2日でも、2泊3日でもOK。駅の近くや気になっていたカフェの隣とか、宿泊先の選び方はなんでもいい。

ホテルのスタッフさんは、わたしたちを観光客だと思っているから、周辺にある美味しいごはん屋さんやカフェの情報なんかを教えてくれる。そのおかげで全く知らないお店と出合うこともあって、いつもの町のあらたな一面を知ったりする。

旅に求めるものが、非日常であり、それによる刺激なのであれば、このスタイルの旅は有効だ。

まとまった旅費がなくても取り組める、最もコストパフォーマンスのいい付き合い方だと思っている。わたし自身も帰る家がある今も、時折ふと思い出したように家を離れ、近場のホテルで過ごすことも多い。

買ったまま読めていない本を数冊持っていったり、以前の項でご紹介した「最高の一日」を考えるタイミングに充てたりするのもおすすめだ。ちいさなひとり旅での過ごし方はその人次第。

いつもの町を
違う視点で見つめてみる。

46

名前しか知らない駅で降りて旅をしてみる

「旅」と聞くと、遠方のイメージがあるかもしれない。休暇を取り、しっかりと泊まる準備をして、計画を立てて。知らない町の、出合ったことのない景色や経験が感性に与える経験値やエネルギーは凄《すさ》まじい。けれど忙しい日々を過ごしていると、定期的に旅に出ることは難しい。

手軽に旅が与えてくれる恩恵をもらいたいとき、わたしは比較的近場の「知らない駅に直感で降りてみる」を実行することがある。

普段、よく乗っている沿線でもいいし、全く乗ったことすらない電車でもなんでもいいし、理由もなんでもいい。とにかく、一度も降りたことのない駅で降りる。そしてGoogle Mapsに頼らず散策をスタートする（もちろん、帰りに乗る電車の時間は決めておく）。

直感に従って道を進み、気が向いたら左右に曲がり、偶然見つけたごはん屋さんやカフェでひと息ついてみる。何も事前情報のない店に入るので、その店の看板メニューも知らないし、口コミが良いのか、悪いのかもわからない。たまたま入ったお店が実は名店だということもあるし、反対に、口コミで散々低評価のついている店だということもある。いずれにしても、なんのフィルターもかけていない体験はワクワクするし、子供の頃の冒険心を呼び覚ましてくれる。

そんな感性の遊びをしたときに、すごくいい思い出を残してくれたのは東急東横線「白楽駅」。

沿線には馴染みがあったけど、一度も降りたことがなかったので試しに下車してみた。偶然曲がった小道で巡り合った看板猫のいる静かで、ちいさな渋い喫茶店は、なんだか地元の人だけが知る秘密基地を見つけてしまった気持ちになり心が高揚した。その日以来、時間を見つけては足を運ぶようになった。ちょっと背伸びをして頼んだ本格的なコーヒーはいまだに苦いままだけれど。

ときには本当にほとんど店のない駅に降り立ってしまうこともある。ぼーっと何時間も電車が来るのを待ちながら、物思いに耽《ふけ》ってみたり。そんな時間も、無計画な旅のご褒美だと思う。

今の時代、地図アプリやSNSの情報が役に立つことは十分にあるけれど、自分の足でしっかりと世の中を見渡す機会があると、世界がより一層立体的に見えてくる。

そしていつだってわたしたちは旅人になれる。できればこの遊びはひとりで。繰り返しの毎日に飽きてしまったら試してみてほしい。

無計画に知らない駅で降りて旅をしてみる。
自分の直感に従って、お店や道を選ぶ体験をしてみる。

47

小説に出てくる場面を訪れて作家の視点で眺めてみる

昔、大好きな群ようこさん原作の映画『かもめ食堂』に登場するカフェを訪れたことがある。舞台はフィンランド・ヘルシンキ。カフェの中には、同じく作品に感化されたであろうひとり旅の女性が数多く座っていた。みんな、作中に登場するシナモンロールを頰張りながら、映画の登場人物になっていた。

映画や小説の舞台になっている街に足を運ぶと、ここで作り手はどんなことを考えたのだろう、と思いをめぐらせることがよくある。

例えば、話の中ではシナモンロールがきっかけとなって、閑古鳥が鳴いていた店に人が集まり始める。寒く厳しいフィンランドの冬、店内に入ったときに香るふんわり甘い匂いは全身に安心感と多幸感を与えてくれる。原作者もこの「ホッと心が解ける体験」が印象に強く残って、シナモンロールをキーフードにしたのかもしれない。

聖地巡礼は、物語の世界を追体験できる。そして作り手の目線を想像しながら旅をすることができる。自分主導の旅行では選ばない店や体験を選ぶことができたり、目の前に広がる風景を自分にはなかった視点で見つめられたりする。

今まで好きだった旅行や旅に「学び」をプラスしてくれるし、もしかしたら特別な場所や風景が、自分の手の中に増えるかもしれない。
まだ見知らぬ感情や出合いを蒐集しに、ぜひ好きな作品のモデルになった場所を訪れてみてほしい。

物語の世界を追体験することで、
今までと違う形の旅を楽しむことができる。

48

普段選ばないような、上質な宿を味わってみる

旅の楽しみは、食・アクティビティ・
そしてなんと言っても
いつもとは違う場所で寝泊まりすること。
普段尻込みしてしまうような
ちょっとお高い宿泊先には、
値段以上の体験が待っていたりする。

旅先の宿を探すとき、ついBooking.comやAgodaで検索して安い順にして表示させてしまう。わたしの旅は長期化することが多いから、安ければ安いほうが嬉しい。仕事もするのでゲストハウスではなく個室を、と絞ると、結果まあまあ満足できる、まあまあ手頃な宿に落ち着くことが多い。

その分1泊だけは、極上の宿に泊まるようにしている。〝極上〟の条件は、高級なインテリアや広い部屋で過ごすことではなく、細部まで行き届いたおもてなしを受けられること。また、ここにしかない体験ができること。例えば、地方ゆかりの器や陶芸家の作品で、その土地の食材をいただいたり。知的好奇心を満たすアクティビティがあったり。完全予約制の温泉が楽しめたり。

探すときはやっぱり前述のホテル予約サイトを使ったり、SNSやgoogleに「土地の名前・アクティビティ・ホテル」や「#おすすめホテル◯◯（地域の名前）」などで検索したりする。詳しい友人に相談してもいい。予算は自分が「これくらいなら出していい」の限界で。それ以上出すと、滞在中に元を取ろうとあれもこれもと欲張って、肝心のリラックスから遠のいてしまうので注意。最近では小規模な高級都市型ホテル「スモール・ラグジュアリーホテル」も徐々に人気を集めている。

自分にとって良い宿がどんなものかわからない人は、まずは自分の中の解像度を高めていく。ノートに「宿で大事にしたいもの」を思いつく限り箇条書きで出してみる。例えば「美味しい地のものが食べられること」だったり「部屋に大きな窓があること」だったり、そんな調子だ。出したら優先順位が高い順に並べ替えてみる。それができたら上位10個を満たす宿をひたすら探してみる。そうすると、自分の希望に似合うとっておきの宿が見つかる。

上質な宿での体験は、その後もずっと自分の中に住み続けてくれるし、旅のレベルをグッと引き上げてくれる。いつも選ばない、とっておきの場所で特別な時間を過ごしてみてほしい。

いつもより背伸びをして選んだ宿で、
細部まで行き届いたおもてなしを受けてみる。

epilogue

いつもあとがきは「何かおもしろいことを書かなければ」と緊張してしまう。けれどそうやって無駄に力が入った文章がさしておもしろくないものになる確率が、極めて高いことはもう十二分に知っているので、なるべくリラックスして書きます（と書きながら緊張している）。

正直、2冊目の著書をこうして世の中に出せるなんて思っていなかった。というのも前作『雨夜の星をさがして 美しい日本の四季とことばの辞典』（玄光社）はジャンルが辞書だったこともあり、諸々の確認作業が超絶大変で、デザイナーも編集者もわたしも、寝る間を惜しんでボロボロになりながらなんとかゴールした。

あれをやり終えたあと「もう紙の書籍はしばらく良いかな……」なんてことを思っていたはずなのに、気づけばその1年半後にまたこうして紙の本が作りたくなりました。摩訶不思議。

前作の辞書と180度、打って変わって今回は正解のないエッセイ本。

このお話をいただいたとき、最初は戸惑った。だって感性は人それぞれ違っているからこそ素敵だし、そこに対して上も下もないと思う。つまり未熟も成熟もないと思っていたから「育てる」だなんて一体何を基準にしたらいいのだろう？　と困った。

ただきっと「自分の感性を育てたい」と思いこの本に辿り着いた人は、もっと自分を好きになりたい！　と前向きな気持ちを持って生きてる人なんじゃないかな、と思ったので。副主題にそのタイトルをつけたとき、初めて着地点を見つけた気がして、やっとわたしの筆も走りました。

この本を書く前に、「感性を育てるためにやっていることってある？」と仲の良い友人たちとチェンマイのカフェで話をした。みんなで頭を悩ませながら結局出した結論は、「ちいさなことで大きく幸せを感じる心をどれだけ持てるかどうか」だった。

わたしたちの日常は、映画のように毎日ドラマチックなことばかり起きるわけではない。だからいかに日々のちいさなことを、上手に調理して楽しめるかだよね、と。

人生は短い。たった1回だけだからこそ、めいっぱい楽しんでやりましょう。

それではまた、世界のどこかで。

２０２４年3月　古性のち

古性のち

1989年横浜生まれ。写真家・エッセイスト。世界30カ国を旅し日本に帰国後、岡山とタイ・チェンマイの二拠点暮らしをスタート。自身のSNSでは、写真と言葉を組み合わせた作品の発表や短歌をはじめ、暮らしに関するエッセイを展開している。

明日《あした》、もっと自分《じぶん》を好《す》きになる
「私《わたし》らしく生《い》きる」をかなえる感性《かんせい》の育《そだ》て方《かた》

2024年5月2日　初版発行

著者　古性《こしょう》のち
発行者　山下 直久
発行　株式会社KADOKAWA
〒102-8177　東京都千代田区富士見2-13-3
電話　0570-002-301（ナビダイヤル）
印刷所　図書印刷株式会社
製本所　図書印刷株式会社

ISBN978-4-04-606831-6 C0070